KB169662

주식투자에 꼭 필요한

산업 이야기

반도체·바이오·이차전지

주식투자에 꼭 필요한

산업 이야기

강경래 지음

머릿말

"대만 TSMC가 어떤 회사야?"

"D램은 메모리 반도체야?"

'주린이'인 아내가 저에게 질문했습니다. 순간 뒤통수를 강하게 얻어맞은 느낌이었습니다. 아내는 전자업종에 일하는 분들에겐 기본 상식 수준 내용을 궁금해하는 것이었습니다.

또 다른 생각을 해봤습니다. 독자분들과 주식투자를 하시는 분들이 어느 정도 상장사에 대한, 그리고 그 상장사가 속한 산업에 대한 지식을 갖고 투자를 하고 있을까. 이런 생각을 한 뒤 제 글을 포함한 다양한 기사들을 봤습니다. 파운드리, 팹리스, 바이오시밀러, 임상 2상, 양극재, 전해질… 독자분들이 어느 정도 산업에 대한 지식이 있다는 가정 아래 쓴 글들이었습니다. 독자분들 입장에서는 충분히 '불친절'하다고 느낄 만 했습니다.

하지만 이렇게 독자분들과 기사 작성자 간의 간극을 좁히기란 쉽지 않습니다. 매일 같이 쏟아지는 이슈. 마감 시간. 한정된 분량. 기자들 입장에서는 독자분들이 이해할 수 있을 만큼 충분히 글을 가공할 물리적인 여건은 부족하기만 합니다.

이런 고민을 하던 중 한 통의 전화를 받았습니다. 학창 시절 친했던 형님. 지금은 한국교통방송(TBN)에서 일하는 김태주 PD였습니다. 그동안 음악 프로그램을 주로 맡아온 태주 형님. 이번엔 음악과 함께 시사적인 내용을 전달하는 프로그램을 담당하게 됐다고 합니다. 해서 일주일 한번 고정 출연을 해줄 수 있냐는 제안이었습니다.

처음엔 고민했습니다. 통상 방송에서는 포괄적인 경제 내용을 아주 쉽게 전달해야 하는데요. 하지만 기자 생활 18년 동안 산업 유관 부서에서만 일해온 저로서는 '나무는 볼 줄은 아는데, 숲을 보기가 어려운' 상황이었습니다. 순간 갑자기 떠오른 아내의 질문. 어쩌면 제가 고민하던 그 간극을 방송을 위한 원고를 준비하는 과정에서 좁힐 수도 있겠다는 생각이 들었습니다.

제가 18년 동안 산업 현장을 다니며 터득해온, 각 산업에 대한 '나무' 이야기를 쉽게 풀어 전달하면 어떨까. '숲' 이야기는 아니지만, 어쩌면 주식투자를 하는 분들에겐 소중한 정보가 될 수 있지 않을까. 이렇게 반신반의로 시작한 방송. 다행히 태주 형님으로부터 방송이 나간 뒤 청취자와 함께 내부 반응이 긍정적이었다는 피드백을 받을 수 있었습니다.

그리고 해당 방송을 청취하지 않는 분들을 위해 또 한 번 텍스트 콘텐츠로 가공한 내용을 독자분들을 위해 써야겠다는 생각도 들었습니다. 그렇게 '강경래의 인더스트리'라는 이름으로 주말마다 관련 글을 반영하기 시작했습니다. 독자분들의 반응은 예상보다 좋았습니다. 관련 글에는 '좋아요', '후속기사 원해요' 등과 함께 댓글도 많이 달렸습니다. 네이버 기자 구독자 수도 해당 글이 나갈 때마다 수십 명씩 늘어났습니다.

반신반의하던 생각은 확신으로 바뀌었습니다. 매회 방송과 함께 텍스트 콘텐츠 작성에 있어 '최초 독자'인 아내와 논의했습니다. 독자분들 입장에서 어떤 콘텐츠를 원하는지, 어느 정도면 쉽게 이해할 수 있는지를 파악하기 위함이었습니다.

방송과 함께 텍스트 콘텐츠가 어느 정도 쌓이자 또 다른 욕심이 생겼습니다. "이를 묶어서 책으로 출판하면 어떨까? 주식투자자분들에게 도움을 줄 수 있지 않을까?" 다행히 오랜 친분이 있는 '도서출판 답' 손정욱 대표님은 이 제안을 흔쾌히 수락하셨습니다. 그렇게 '주식투자에 꼭 필요한 산업 이야기'가 세상에 빛을 보게 됐습니다.

그동안 언론사 기사에 의존해온, 증권사 리포트에 의존해온 주식투자. 이젠 이 책을 통해 주요 산업과 함께 해당 기업에 대해 충분히 이해한 뒤 스스로 투자를 판단할 수 있었으면 하는 바람입니다. 끝으로 영원한 '첫 번째 독자'인 아내. 정현정 님에게 이 책을 바칩니다.

목차

Contents

1.
'산업의 쌀' 반도체

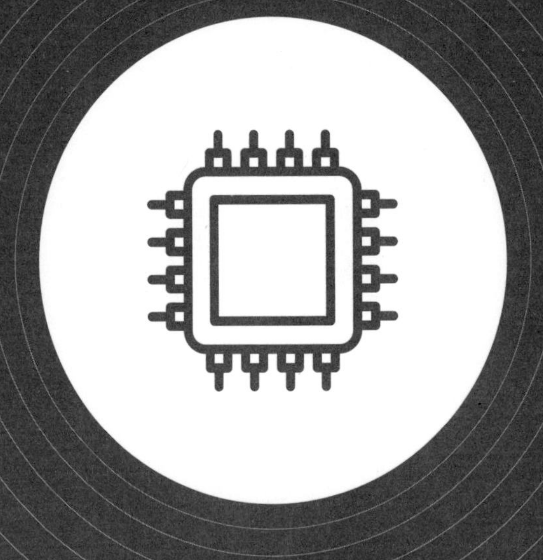

최근 주식시장 전반에 걸쳐 진행되는 굵직한 이슈는 반도체와 바이오, 이차전지 등입니다. 그리고 이들 산업은 어느 하나의 영역에 국한하지 않고 얽히고설켜 있는데요. 2021년에 반도체 부족으로 인해 국내외 유수 완성차 업체들이 공장 가동을 중단하는 사태가 벌어진 것이 대표적입니다. 언뜻 보면 반도체와 자동차 산업은 연관성이 없어 보이는데요. 그래서 이 책에서 가장 먼저 모든 산업에 기초가 되는 '반도체'에 관한 이야기를 다뤄볼까 합니다.

반도체는 TV와 스마트폰, 냉장고, 세탁기 등 전기가 통하는 모든 전자기기에 필수로 들어가는 전자 부품입니다. 종류도 메모리와 로직, 아날로그, 센서, 디스크리트 등 매우 다양한데요. 이런 이유로 반도체를 '산업의 쌀'이라고 표현하기도 합니다. 반도체 산업을 알기 위해서는 △IDM(Integrated Device Manufacturer, 종합반도체회사) △팹리스(Fabless, 반도체 개발전문) △파운드리(Foundry, 반도체 위탁생산) △패키징(Packaging, 반도체 조립 · 검사)이라는 4가지 용어를 반드시 알아야 합니다.

우선 IDM은 종합반도체회사로 여러분이 아시는 삼성전자와 SK하이닉스, 미국 인텔 등이 대표적입니다. 이는 반도체 개발에서 생산까지 모든 것을 자체적으로 하는 회사를 말합니다. 또한 팹리스는 반도체 개발만을 하고 생산은 외주에 맡기는 업체입니다. 전 세계 통신용 반도체 시장을 장악한 미국 퀄컴이 대표적입니다. 우리나라 주식시장에 상장한 팹리스 업체로는 LX세미콘, 텔레칩스, 제주반도체, 어보브반도체 등이 있습니다.

아울러 파운드리와 패키징은 모두 반도체를 위탁받아 생산만 전문으로 하는 업체입니다. 반도체 생산 중 파운드리는 '전공정'이라고도 하고요. 이는 반도체 생산에 있어 75% 정도를 차지합니다. 요즘 대만 TSMC가 자주 언론 지상에 등장하는데요. 최근 우리 정부가 TSMC에 찾아가 자동차용 반도체 생산을 더 해달라고 요구하기도 했죠. 이는 TSMC가 전 세계 독보적인 1위 파운드리 업체이기 때문입니다.

통상 파운드리 업체들은 팹리스 업체들이 개발한 반도체 제품을 위탁받아 생산합니다. 최근엔 IDM 업체들도 일부 반도체 물량을 파운드리에 맡기기도 합니다. 우리나라 주식시장에 상장한 파운드리 업체로는 DB하이텍(옛 동부하이텍)이 있습니다. 비상장사로는 키파운드리가 있고요. 삼성전자는 IDM 업체지만 자체 반도체 공장 내 일부 공간을

SK하이닉스 낸드플래시 메모리 반도체

파운드리에 할애하기도 합니다. 삼성전자는 전 세계 파운드리 분야에서 TSMC에 이어 2위에 올라있습니다.

마지막으로 패키징은 반도체 '후공정'이라고도 하며 반도체 제조에 있어 파운드리를 제외하고 조립과 검사 등 나머지 25%가량을 담당합니다. 파운드리를 마친 반도체 웨이퍼(원판)를 받아 절단하고 전기적으로 연결한 뒤 검은색 덮개를 씌워 제품을 완성하는 과정입니다. 주식시장에는 하나마이크론, SFA반도체, 시그네틱스 등이 있습니다. 패키징에서 반도체 검사만을 별도로 하는 업체를 '테스트하우스'라고 하는데요. 테스트하우스로는 테스나, 에이팩트(옛 하이셈) 등이 상장해 있습니다.

반도체는 '실리콘 사이클'이라고 해서 4~5년을 주기로 호황과 불황을 반복합니다. 2021년은 호황에 해당하는데요, 특히 2021년에는 반도체 '슈퍼사이클'(초호황)이라는 말이 나올 정도입니다. 이는 2020년에 갑작스러운 코로나19로 인해 잔뜩 위축

삼성전자 반도체 공장 내부

삼성전자 반도체 공장(기흥캠퍼스) 항공 사진

했던 반도체 수요가 2021년 들어 폭발적으로 늘어났기 때문이죠. 시장조사기관 가트너는 2021년 전 세계 반도체 시장이 사상 최대인 5190억 달러, 우리 돈으로 무려 589조 원에 달할 것으로 전망했습니다.

독자 여러분은 '보복 소비'라는 말 들어보셨을 겁니다. '이연수요'라고도 하는데요. 2020년에 구매하지 못하고 미뤄둔 제품을 2021년에 사기 위해 최근 백화점, 쇼핑몰 등을 찾는 소비자가 크게 늘고 있습니다. 마찬가지로 반도체 수요 역시 폭발적으로 늘어나는 상황인데요. 독자 여러분이 2020년 코로나19 영향으로 구매하지 못한 TV와 자동차, 냉장고, 세탁기를 2021년에 살 때 이들 전자기기에 들어 있는 반도체 역시 함께 구매하게 되는 원리입니다.

이렇게 △IDM △팹리스 △파운드리 △패키징 등 4개 카테고리가 반도체 산업 생태계를 구성하고요. 이들 카테고리는 별도로 움직이지 않고 하나의 생명체처럼 유기적으로 움직입니다. 이를테면 팹리스 업체 제품을 파운드리가 받아 전공정을 마친 뒤 패키징 업체들이 후공정을 마무리하는 형태죠.

그래서 이들 업종에 속한 업체들은 반도체 호황기와 불황기에 주가가 함께 움직이는 경향이 있습니다. 현재로서는 반도체 슈퍼사이클이 적어도 2022년까지 이어질 것이라는 전망이 우세한 상황입니다. 때문에 반도체 생태계에 속한 이들 업체 전체를 계속 주목할 필요가 있어 보입니다.

다행히 우리나라가 최소한 메모리 반도체 분야에 있어서는 전 세계 시장을 주도하고 있으며, 반도체가 우리나라 수출 품목 중 부동의 1위 자리를 이어가고 있습니다. 이런 이유로 한국은 반도체 슈퍼사이클이 길어질수록 수혜를 볼 수 있습니다.

2.
대만 TSMC 강한 이유

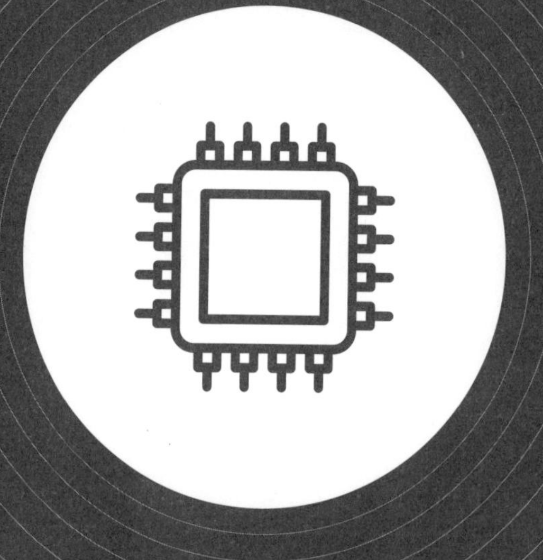

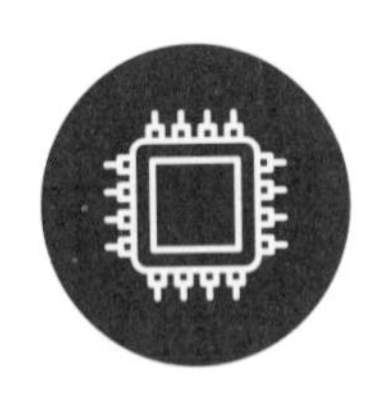

이번에는 조 바이든 미국 대통령도 '러브콜'을 보낸 회사. 전 세계적인 반도체 이슈 중심에 서있는 회사. 대만 TSMC(타이완 반도체 매뉴팩처링)에 대해 알아보겠습니다.

2021년에 GM, 포드 등 미국 유수 완성차 업체들이 자동차에 들어가는 반도체가 부족해서 공장 가동을 중단하는 사상 초유 사태가 벌어졌습니다. 이때 바이든 대통령이 대만 정부에 연락한 뒤 TSMC에서 더 많은 자동차용 반도체를 생산해달라고 요청했습니다. 우리나라에서도 현대자동차와 현대모비스 등이 공장 가동을 중단했는데요. 이런 이유로 우리나라 정부도 대만 정부를 찾아가 TSMC에서 들어오는 자동차용 반도체를 더 생산해 달라고 요구했습니다. 이렇듯 반도체 산업, 그중에서도 대만 TSMC에 대한 관심이 높은 상황입니다.

대만 TSMC에 대해 알기 위해서는 우선 반도체를 만드는 과정에 대한 이해가 필요합니다. 반도체는 300㎜(12인치) 크기 원판인 '웨이퍼'를 가공해서 만듭니다. 웨이퍼를 두 달 정도 가공하는 과정을 거치면 반도체가 만들어지는데요. 적지 않은 기간, 큰 비용을 투입하는 만큼 하나의 웨이퍼 안에서 얼마나 많은 반도체를 만들어 낼 수 있는가가 반도체 업체 성패를 좌우합니다.

쉽게 말씀드리면 300㎜ 크기 웨이퍼 하나에서 반도체 10개를 만들어내는 업체, 그리고 20개를 만들어내는 업체가 있습니다. 그럼 당연히 20개를 만드는 업체가 유리합니다. 웨이퍼에서 10개를 뽑아

TSMC 로고

낼 수 있는 업체가 반도체 한 개 당 1만원에 판매한다면, 20개를 뽑아내는 업체는 이론상 5000원으로 단가를 낮출 수 있는 셈이죠. 이렇게 웨이퍼 하나에서 더 많은 반도체를 생산하는 것을 '수득률(불량률의 반대)을 높인다'고 합니다.

이렇게 반도체 웨이퍼에서 수득률을 높이기 위해서는 반도체 회로선폭을 줄이는 작업이 필요합니다. 쉽게 말씀드리면 똑같은 그림을 더 작게 그리려고 하면 그만큼 연필 선의 두께도 얇게 해야 하는 원리입니다. 과거 반도체 회로선폭이 마이크로미터(㎛), 즉 100만 분의 1미터(m) 수준이었다면 최근에는 나노미터(㎚) 이야기까지 나옵니다. 나노미터는 회로선폭 두께가 무려 10억 분의 1미터, 머리카락 굵기의 1,000분의 1 수준에 불과합니다. 그리고 이렇게 미세한 나노미터 공정도 40나노공정, 30나노공정, 20나노공정, 10나노공정에 이어 최근에는 3나노공정까지 미세해지는 상황입니다.

문제는 이렇게 반도체 공정이 진화할수록 천문

학적인 금액이 들어간다는 점입니다. 이를테면 40나노공정 반도체 공장을 짓는데 1조 원이 들어간다면 30나노공정은 2조 원, 20나노공정은 4조 원, 10나노공정은 8조 원, 이렇게 투자액은 기하급수적으로 늘어납니다. 이럴 때 삼성전자와 미국 인텔 등 어느 정도 규모가 있는 업체들은 투자를 이어갈 수 있습니다. 하지만 상대적으로 여력이 부족한 종합반도체 회사, 즉 IDM 업체들은 40나노공정에서 30나노공정, 20나노공정, 10나노공정이 진행되는 동안 중간에 생산을 포기하게 됩니다.

결국 이런 업체들은 순수 IDM에서 벗어나 팹리스, 즉 반도체 개발업체로 일부 전환할 수밖에 없습니다. 이를테면 40나노공정 반도체는 자체 공장에서 만드는 한편, 30나노공정, 20나노공정 등 더 큰 투자가 필요한 제품은 외주생산업체, 즉 파운드리에 맡기는 형태가 됩니다. 이렇게 순수 IDM이었던 업체들이 갈수록 팹리스가 되는 사례가 늘어나고, 이 과정에서 반도체 위탁생산을 맡는 파운드리

TSMC 회사 전경

업체들은 규모가 커질 수밖에 없는 구조입니다.

그런데 파운드리 역시 큰 업체만 살아남는 상황이 벌어지고 있습니다. 파운드리도 마찬가지로 40나노공정에서 30나노공정, 20나노공정, 10나노공정까지 계속 투자할 여력이 있는 업체들이 한정적이기 때문입니다. 이런 이유로 오래전부터 파운드리 업계 1위 자리를 지키고 있고, 투자 여력 역시 충분한 대만 TSMC 지배력은 갈수록 강해질 수밖에 없는 구조입니다. 실제로 시장조사업체 트렌드포스에 따르면 전 세계 파운드리 시장에서 대만 TSMC 점유율은 55.6%에 달합니다. 이는 2위인 삼성전자 점유율 16.4%보다 무려 39.2%p(포인트)가 앞섭니다. 대만 TSMC는 사실상 파운드리 분야에서 '넘사벽'이라고 할 수 있습니다.

대만 TSMC를 통해 최근 전 세계적인 자동차용 반도체 대란도 설명할 수 있습니다. 일본 르네사스, 독일 인피니언, 네덜란드 NXP. 이 업체들의 공통점은 자동차용 반도체 시장을 과점한다는 것입니다. 또한 이들 업체는 과거 순수 IDM이었다가 최근 일부 반도체 물량을 대만 TSMC에 맡기며 팹리스 형태를 병행한다는 점입니다.

르네사스와 인피니언, NXP는 코로나19 장기화로 인해 자동차용 반도체 수요가 줄어들 것으로 예상해서, 대만 TSMC에 물량을 적게 요청했습니다. 하지만 '보복소비'와 함께 자동차 수요가 급격히 늘면서 더 많은 자동차용 반도체가 필요한 것입니다. 하지만 이미 대만 TSMC는 자동차용 반도체 생산을 줄이고, 대신 가전 등에 들어가는 반도체를 만드는 공정으로 전환한 상태입니다. 이로 인해 자동차용 반도체 수급난이 벌어지고 심지어 자동차 공장 가동을 중단하는 사태까지 발생한 것입니다.

최근에는 5나노공정, 3나노공정 투자 이야기까지 나옵니다. 결국 반도체 회로선폭 미세화는 계속 진행되고 투자 규모도 더 커질거고요. 그럴수록 대만 TSMC 입지는 앞으로 더욱 강해질 수밖에 없습니다. 대만 TSMC는 이렇게 파운드리 업계 주도권을 이어가기 위해 2021년 30조 원을 포함해 향후 3년 동안 무려 100조 원을 투자한다고 발표했습니다.

대만 TSMC 입지가 강해질수록 수혜를 보는 업체들이 한국에도 있습니다. 반도체 생산에 있어 파운드리가 75% 정도 차지한다면, 나머지 25%가량은 패키징 업체들이 담당합니다. 대만 TSMC가 전공정을 마친 웨이퍼를 대만 ASE와 앰코, 스필 등 패키징 업체들이 받아 후공정을 담당하는데요. 한미반도체는 반도체 웨이퍼를 절단하고 분류하는 '비전플레이스먼트' 장비 등을 이들 패키징 업체에 납품합니다.

3.

한국, 반도체 강국인가

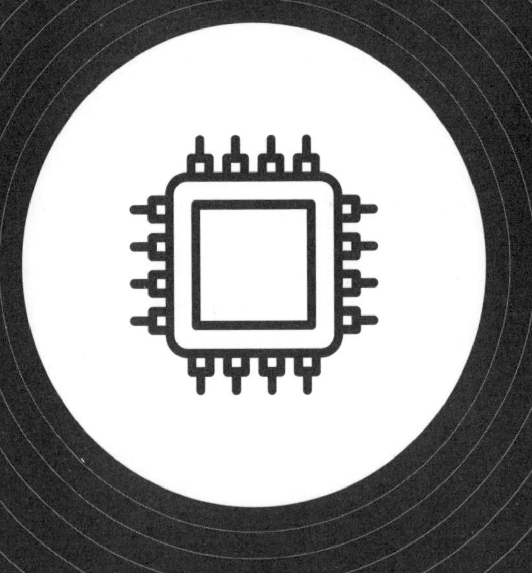

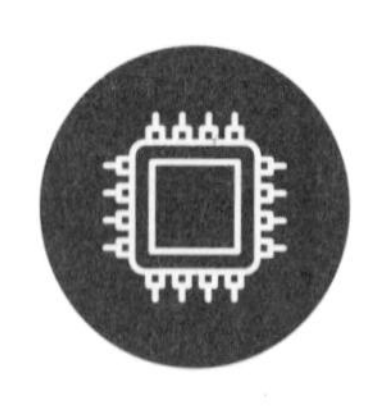

반도체는 단연 우리나라 수출 품목 1위입니다. 한국은행에 따르면 우리나라 전체 수출액(2019년 기준) 중 반도체가 17.9%를 차지했는데요. 2위인 자동차(12.2%)와 격차가 컸습니다. 제조업과 수출 의존도가 큰 한국. 그런 의미에서 반도체가 사실상 우리나라를 먹여 살린다고 볼 수 있습니다. 아울러 이는 우리나라가 그만큼 글로벌 반도체 시장에서 강세를 보인다는 방증이기도 합니다.

하지만 또 한편으론 2021년에 반도체가 부족해

서 현대자동차와 함께 현대모비스 등 완성차와 전장(전자장치) 업체 공장이 가동을 중단하는 사태가 벌어졌는데요. 과연 우리나라에서 반도체가 풍부했다면 이런 일이 벌어지지 않았겠죠. 이 시점에서 누군가 독자 여러분에 '한국은 반도체 강국인가'라는 질문을 던진다면 어떤 답변을 하실 수 있는지요? 저라면 이렇게 대답할 것입니다. '절반은 맞고, 절반은 틀리다'라고 말이죠.

우선 우리나라는 반도체 강국, 정확히 말하면 '메모리 반도체' 강국입니다. 메모리 반도체는 스마트폰과 TV, 가전 등 각종 전자기기에 들어가 데이터를 저장하는 기능을 합니다. 일례로 여러분이 스마트폰에 찍어놓은 사진을 언제든 꺼내 볼 수 있는 이유가 바로 스마트폰에 있는 메모리 반도체에 관련 데이터가 저장돼 있기 때문이죠.

메모리 반도체는 크게 D램과 낸드플래시 등 2종류로 나뉩니다. 우선 D램은 전원이 꺼지면 데이터가 사라지는 휘발성 메모리 일종입니다. 반면 낸

SK하이닉스 D램 메모리 반도체

드플래시는 전원이 꺼져도 데이터가 남아 있는 비휘발성 메모리입니다. D램과 낸드플래시는 별도로 쓰이는 게 아니라 통상 모든 전자기기에 함께 들어가 각각 기능을 합니다.

우선 D램에 있어 한국은 절대 강자입니다. 시장조사기관 트렌드포스에 따르면 삼성전자는 전 세계 D램 시장점유율 42.1%를 기록하며 부동의 1위 자리를 이어가고 있습니다. 이어 SK하이닉스가 29.5%, 미국 마이크론이 23.0%입니다. 특히 삼성전자와 SK하이닉스를 합친 한국의 D램 시장점유율은 무려 71.6%에 달합니다. 한국이 D램을 공급하지 않으면 전 세계 어떤 전자기기도 작동하기 쉽지 않다는 것이죠.

낸드플래시는 상황이 조금 다릅니다. 시장조사기관 옴디아에 따르면 낸드플래시 시장에서 삼성전자 점유율은 33.9%로 D램과 마찬가지로 1위 자리를 이어갑니다. 이어 일본 키옥시아 18.9%, 미국 웨스턴디지털 14.5%, 미국 마이크론 11.4% 등 순서입

SK하이닉스 이천 반도체 공장 전경

니다. 그리고 SK하이닉스는 11.2% 점유율로 5위에 머물러 있습니다.

삼성전자와 SK하이닉스를 합친 한국 낸드플래시 시장점유율은 45.2%입니다. 낸드플래시 역시 한국이 전 세계 시장을 주도하는 게 사실이지만, D램만큼 강하지는 않은 상황입니다. 이런 이유로 최근 SK하이닉스가 낸드플래시 점유율 9.4%로 6위에 올라 있는 미국 인텔 낸드플래시 사업부 인수를 추진, D램에 비해 약한 낸드플래시 경쟁력을 강화하고 있습니다.

이렇게 한국이 전 세계 메모리 반도체 시장을 주도하는 것은 사실입니다. 하지만 전체 반도체 시장에서 메모리 반도체가 차지하는 비중(출처 옴디아, 매출액 기준)은 31% 수준입니다. 나머지 69%는 메모리 반도체가 아닌 비메모리 반도체 영역이죠. 그리고 로직(25%), 마이크로콤포넌트(16%), 아날로그(13%), 광(옵티컬, 8%) 등 비메모리 반도체는 종류도 매우 다양합니다. 그리고 비메모리 반도체라는 용어보다 최근엔 '시스템반도체'라는 표현을 자주 씁니다.

한국은 전 세계 시스템반도체 시장에서 차지하는 점유율이 고작 3% 수준입니다. 시스템반도체 시장은 미국과 일본, 유럽이 강세를 보입니다. 그리고 자동차 공장 가동을 멈추게 한 반도체 '마이크로 컨트롤러 유닛'(MCU) 역시 시스템반도체 일종입니다. MCU를 포함한 자동차용 반도체 시장에서 한국이 차지하는 점유율은 2.3%에 불과합니다. 이는 미국 31.4%와 일본 22.4%, 독일 17.7% 등과 크게 차이가 납니다.

이런 이유로 2021년 한때 삼성전자가 네덜란드 NXP를 인수할 것이라는 설이 나돌기도 했습니다. NXP는 자동차용 반도체 시장에서 독일 인피니언(13.4%)에 이어 11.3% 점유율로 2위 자리에 올라 있는 업체입니다. 특히 MCU에 있어서는 점유율 27.2%로 업계 1위 강자입니다. 이렇게 한국이 뒤늦게 메모리 반도체에 이어 시스템반도체 경쟁력을

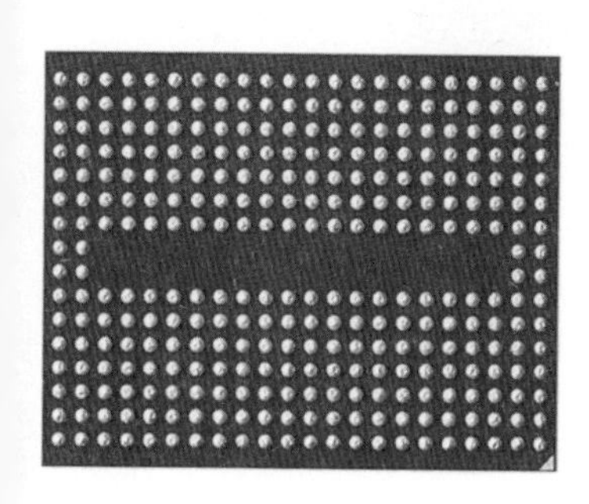

삼성전자 낸드플래시 메모리 반도체

강화하기 위해 노력하고 있습니다만, 최근 자동차용 반도체 수급난이 벌어지는 것을 보면 너무 늦은 게 아닌가 하는 생각도 듭니다.

한국이 메모리 반도체라도 전 세계 시장을 주도해서 다행이다 싶지만, 또 한편으론 메모리 반도체보다 훨씬 큰 시장인 시스템반도체에선 여전히 변방에 머물러 있다는 아쉬움이 있습니다. 소 잃고 외양간 고치는 격이지만 이제라도 한국 반도체 업체들, 그리고 정부가 더 먼 미래를 보고 시스템반도체 육성을 위해 투자하고 정책적으로 지원해야 할 필요가 있습니다.

4.
반도체 만드는 장비는

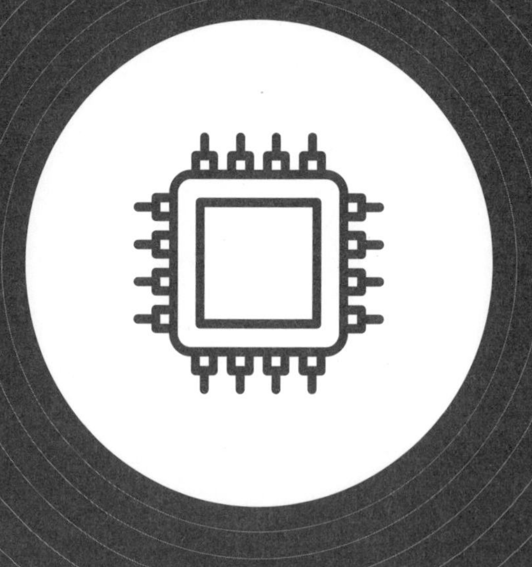

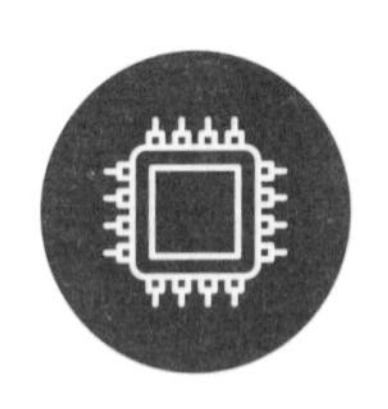

2021년 5월 한미 정상회담이 열렸는데요. 당시 삼성전자는 미국 현지에 반도체 공장을 구축하는 데 총 170억 달러, 우리 돈으로 20조 원에 달하는 금액을 투자한다고 발표했습니다. 삼성전자와 반도체 파운드리(위탁생산) 부문에서 경쟁하는 대만 TSMC는 삼성전자에 앞서 미국 애리조나주에 공장을 건설하기로 확정하고 총 120억 달러, 약 13조 원을 투자한다고 발표했습니다.

이렇게 2021년 반도체 '슈퍼사이클', 이른바 초

호황을 맞아 삼성전자와 TSMC 등 국내외 유수 반도체 업체들이 대규모 투자에 나섰는데요. 이럴 때 주목해야 할 업종이 바로 반도체 장비입니다. 반도체 업체들이 투자를 한다는 것은 공장을 짓고 그 안에 들어갈 장비를 사들인다는 이야기죠.

반도체 장비를 알기 위해선 우선 반도체 제조 공정을 이해해야 합니다. 반도체는 실리콘으로 된 원판 모양 웨이퍼를 가공해 만듭니다. 웨이퍼는 통상 200㎜(8인치)와 300㎜(12인치) 크기인데요. 200㎜ 웨이퍼는 최근 수급난을 겪는 자동차용 반도체 '마이크로 컨트롤러 유닛'(MCU)을 비롯해 디스플레이에 들어가는 구동칩(DDI), 전기 흐름을 관여하는 전력반도체(PMIC) 등을 생산하는 데 적합합니다. 300㎜ 웨이퍼는 스마트폰에 들어가 두뇌 역할을 하는 애플리케이션프로세서(AP) 등 비교적 단가가 높은 반도체 제조에 쓰입니다.

반도체 제조 공정은 전공정과 후공정으로 나뉘는데요. 우선 전공정은 웨이퍼를 투입한 뒤 그 위에 금속 등 다양한 가스를 입히는 증착공정을 수행합니다. 이렇게 가스가 입혀진 웨이퍼 위에 미세한 회로선폭을 형성하기 위해 빛을 쬐주는 노광공정을 거칩니다. 이는 카메라로 찍은 뒤 어두운 곳에서 필름에 빛을 가해 현상하는 과정과 매우 유사합니다. 이후 웨이퍼 위에 형성된 회로선폭에 따라 필요한 부분을 깎아내는 식각공정이 진행되고요. 이렇게 깎아내고 먼지(파티클)가 남은 것을 말끔히 씻어내는 세정공정을 거칩니다. 이후 회로선폭이 잘 만들어졌는지 여부를 정밀하게 살펴보는 측정공정이 있습니다.

이렇게 증착과 노광, 식각, 세정, 측정 등 과정은 한 번이 아닌, 필요에 따라 수십 번, 심지어 수백 번 반복하게 됩니다. 무려 400~500개 공정을 거쳐 웨이퍼가 전공정을 마치게 되죠. 이렇게 전공정에서 후공정으로 옮겨진 웨이퍼는 네모난 크기로 작게 자르는 공정을 거치는데요. 절단공정을 거친 반도체는 전기적으로 연결하는 본딩, 덮개를 씌우는

주성엔지니어링 용인 R&D센터 전경

몰딩, 그리고 검사하는 테스트 과정 등을 거쳐 하나의 제품으로 완성됩니다. 이렇게 반도체가 완성되기까지 한 달 보름에서 두 달 정도 시간이 걸립니다.

우리나라는 전공정 증착장비와 함께 후공정 장비에서 강세를 보입니다. 우선 증착장비 분야에서는 주성엔지니어링과 유진테크, 원익IPS, 테스(TES) 등이 두각을 보입니다. 특히 주성엔지니어링은 원자층증착장비(ALD)를 세계 최초로 출시하며 큰 관심을 모았죠. 유진테크는 저압 화학증착장비(LP CVD)에서, 원익IPS와 테스는 플라즈마 화학증착장비(PE CVD)에서 강세를 보입니다. 반도체 세정장비는 삼성전자 자회사인 세메스와 함께 케이씨텍을 주목할 필요가 있습니다.

그리고 반도체 공장 안은 먼지 하나 없이 깨끗해야 하는데요. 그러기 위해서 반도체 공장에 특화한 정밀한 공기청정기가 필요합니다. 이 기능을 '팬 필터유닛'(FFU) 등이 하는데요. 이 분야에서는 신성이엔지가 전 세계 시장 60%가량을 점유하며 1위에 올라 있습니다. 또한 로봇을 이용해 웨이퍼를 이송하고 분류하는 공정 자동화(FA) 장비가 필요한데요. 이 분야에선 에스에프에이, 로체시스템즈 등이 강세를 보입니다.

이제 후공정으로 넘어오면 반도체 웨이퍼를 절단하고 분류하는 '비전플레이스먼트' 장비에서는 한미반도체가 전 세계 시장의 80%가량을 점유합니다. 특히 한미반도체는 ASE, 앰코, 스필 등 TSMC와 협력하는 반도체 후공정 업체들에 비전플레이스먼트, 본딩 등 장비를 활발히 납품하면서 대표적인 TSMC 수혜주로도 불립니다. 또한 반도체 공정을 모두 마친 제품을 검사하는 장비는 유니테스트, 디아이, 인텍플러스 등이 강세를 보입니다.

장비에 별도로 들어가는 장치 분야에선 엘오티베큠이 진공펌프에서 두각을 보입니다. 화학약품을 공급하는 장치(CCSS)는 에스티아이, 가스를 정화한 뒤 외부로 배출하는 가스장치는 글로벌스탠다드테

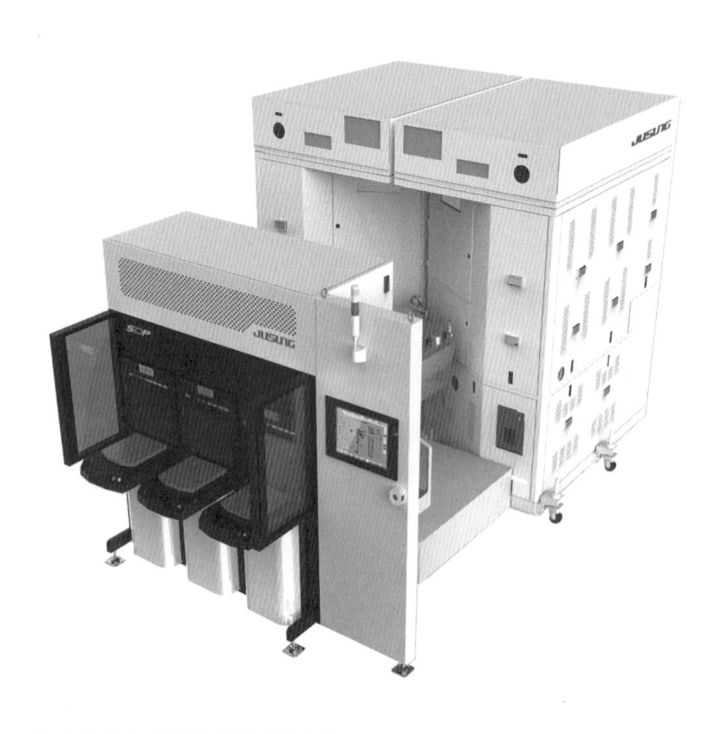

주성엔지니어링 원자층증착장비

크놀로지(GST) 등을 주목할 필요가 있습니다.

다만 아쉬움이 있습니다. 삼성전자와 SK하이닉스, TSMC 등 반도체 업체들이 2021년 역대급 투자를 예정하고 있습니다만, 정작 수혜는 미국 어플라이드머티리얼즈와 네덜란드 ASML, 일본 도쿄일렉트론 등 해외 업체들이 누릴 가능성이 높은 상황입니다. 왜냐하면 반도체 장비 국산화가 20%에 머물러 있기 때문입니다.

실제로 2020년 한국 내 반도체 장비 투자가 총 157억 달러 이뤄졌는데요. 이 중 126억 달러가 해외로 나갔습니다. 본딩장비와 몰딩장비 등 진입장벽이 낮은 장비는 어느 정도 국산화가 이뤄졌습니다. 하지만 노광장비와 식각장비, 이온주입장비 등 전공정 핵심장비 상당수는 여전히 전량 수입에 의존하는 실정입니다. 이는 '반도체 강국' 한국이 자칫 '속 빈 강정'으로 비칠 수 있는 대목이죠.

실제로 시장조사기관 가트너에 따르면 전 세계 반도체 장비기업 상위 10개(2020년 기준) 중 한국 기

한미반도체 마이크로쏘&비전플레이스먼트 장비

업은 단 한 곳도 없었습니다. 세메스가 16위, 원익 IPS가 18위에 오르면서 20위 안에 겨우 이름을 올려놨죠. 반도체 장비 중 가장 비싼 노광장비는 네덜란드 ASML과 함께 일본 니콘, 캐논 등이 과점합니다. 또 식각장비는 미국 어플라이드머티리얼즈와 램리서치, 일본 도쿄일렉트론 등이 '넘사벽'이라는 평가를 받습니다. 주검사장비 역시 일본 어드반테스트와 함께 미국 테라다인 등이 과점하고 있죠.

우리나라가 반도체 장비 경쟁력을 강화하기 위해서는 반도체 대기업들이 조금 더 적극적으로 국산 장비를 채용할 필요가 있습니다. 아울러 장비기업들과 보다 긴밀하게 차세대 반도체 연구 · 개발(R&D)을 진행해야 하고요. 정부 역시 해외 업체들과 대등하게 경쟁할 수 있는 장비업체를 엄선해 파격적으로 지원해야 할 필요가 있습니다.

5.
반도체 산업 첨병 '팹리스'

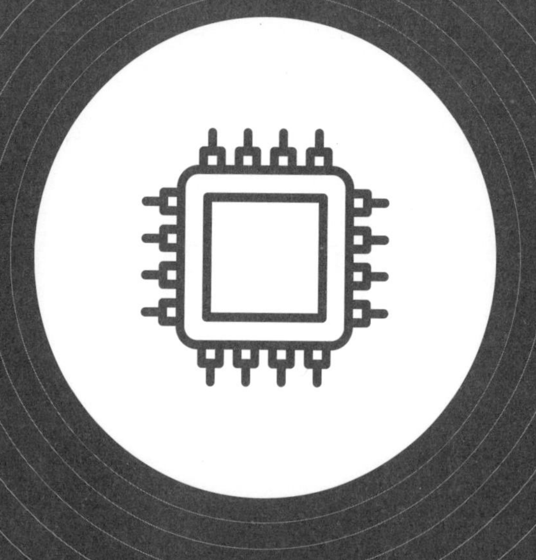

삼성전자와 SK하이닉스 등 우리나라 반도체 업체들이 '깜짝' 실적을 발표했는데요. 삼성전자는 2021년 2분기 반도체 사업에서 매출액과 영업이익이 각각 22조 7,400억원과 6조 9,300억 원이었습니다. 이는 전년 동기와 비교해 각각 18.2%와 5.4% 늘어난 수치입니다. 영업이익률은 30.5%에 달했습니다. SK하이닉스 역시 같은 기간 매출액과 영업이익이 각각 전년 동기보다 19.9%와 38.3% 늘어난 10조 3,217억 원과 2조 6,946억 원이었습니다. 영업이익률은 26.1%였죠. 이렇듯 반도체 업체들을 중심으로 호실적이 이어지는 것은 반도체 공급이 수요를 쫓아가지 못하는 이른바 '슈퍼사이클'(초호황) 때문인데요. 이런 이유로 반도체 투자가 늘어나고 반도체 장비기업 역시 수혜가 예상된다고 앞서 말씀드렸는데요. 아울러 반도체 산업에 있어 또 하나의 축을 이루는 '팹리스' 분야도 주목할 필요가 있습니다.

팹리스는 '반도체 공장'을 의미하는 '팹'(Fab)과 '없다'는 의미인 '리스'(less)의 합성어입니다. 말 그대로 반도체 공장이 없이 반도체 개발만 전문으로 하는 업체들을 의미합니다. 생산은 철저히 외주에 맡기는데요. 팹리스 업체들로부터 반도체를 위탁받아 생산하는 업체가 바로 '파운드리'입니다. 대만 TSMC가 대표적이죠. 팹리스는 반도체 개발에서 생산까지 자체적으로 하는 IDM(종합 반도체 회사)과 비교해 빠른 의사결정이 가능합니다. 이런 이유로 스마트폰과 PC 등 하루가 다르게 변화하는 IT(정보기술) 트렌드에 적절히 대응할 수 있는 게 강점이죠.

LX세미콘 본사 전경

이러한 강점을 앞세워 팹리스 시장은 매년 빠르게 성장하는 추세입니다. 시장조사기관 옴디아에 따르면 전 세계 팹리스 시장은 2016년 827억 5,400만 달러에서 이듬해 914억 2,100만 달러, 2018년 973억 5,900만 달러로 가파른 성장세를 이어가고 있습니다. 특히 2020년에는 1,174억 4,300만 달러를 기록하며 사상 처음 1000억달러를 돌파하기도 했습니다. 팹리스는 전체 반도체 시장에서 30%가량을 점유합니다. 팹리스 업계를 대표하는 기업은 누구나 한 번쯤 들어봤을 법한 이름이죠. 바로 미국 퀄컴입니다. 스마트폰에 들어가 두뇌 역할을 하는 반도체인 '애플리케이션 프로세서'를 포함해 통신용 반도체에 주력하는 퀄컴은 2020년 매출액 193억 5,700만 달러를 기록했습니다. 전체 팹리스 시장에서의 점유율 16.5%로 부동의 1위 자리를 이어갔습니다.

우리나라에서도 '한국의 퀄컴'을 꿈꾸는 팹리스 업체들이 있습니다. LX세미콘, 텔레칩스, 제주반도체, 코아리버, 앤씨앤 등 200여 개 팹리스 업체들이 국내에서 활동 중인데요. 이 중에서 단연 두각을 보이는 업체는 LX세미콘입니다. LX세미콘은 LX그룹 계열사인데요. LX그룹은 2021년 5월 LG그룹에서 계열 분리한 뒤 설립된 그룹사입니다. 구본준 전 LG 부회장이 오너 회장으로 LX그룹을 이끌고 있습니다. LX세미콘은 종전 실리콘웍스에서 2021년 7월 공식적으로 현재 이름이 됐죠.

LX세미콘이 주력하는 분야는 디스플레이 구동칩(DDI)입니다. 디스플레이 구동칩은 LCD(액정 표시 장치)와 OLED(유기발광다이오드) 등 디스플레이에 들어가 영상 데이터를 우리가 눈으로 볼 수 있도록 구현하는 반도체입니다. LX세미콘은 디스플레이 구동칩을 LG디스플레이를 비롯해 중국 비오이(BOE), 차이나스타(CSOT) 등 국내외 유수 디스플레이 업체들에 공급하는데요. 디스플레이 구동칩은 2021년 들어 전 세계적으로도 수급난을 겪으면서 소위 '부르는 게 값'이 된 제품이기도 합니다. 증권가에서는

앤씨앤 공장 전경

LX세미콘이 2021년 연간 매출액과 영업이익이 각각 전년보다 61%와 241% 증가한 1조 8,700억 원과 3,217억 원을 올릴 것으로 예상하고 있습니다.

자동차용 반도체에서는 텔레칩스가 강세를 보입니다. 텔레칩스는 현대자동차 · 기아에 AVN(오디오 · 비디오 · 내비게이션) 프로세서를 활발히 공급합니다. 요즘 텔레칩스가 더욱 주목받는 이유는 '마이크로 컨트롤러 유닛'(MCU)에 있습니다. MCU는 최근 전 세계적으로 품귀 현상이 벌어지고 있으며, 이로 인해 현대자동차와 GM, 포드, 폭스바겐, 토요타 등 완성차 업체들이 공장 가동을 중단하기까지 했는데요. 이 제품은 네덜란드 NXP반도체와 일본 르네사스, 미국 TI 등 해외 업체들이 과점하고 있습니다. 이런 상황에서 텔레칩스가 MCU를 출시한 것이죠. 텔레칩스는 MCU를 국내외 유수 자동차 전장 업체들에 공급한 뒤 상용화를 위한 테스트를 진행 중입니다. 2021년 내로 자동차에 적용하는 것을 목표로 합니다.

메모리 반도체 분야에는 제주반도체가 있습니다. 통상 메모리 반도체하면 삼성전자와 SK하이닉스, 미국 마이크론 등을 떠올리는데요. 제주반도체는 통신장비와 서버 등에 들어가는 메모리 반도체 틈새시장을 공략해 성공을 거둔 사례입니다. 2020년 매출액은 코로나19 악재에도 불구하고 전년보다 1.4% 늘어난 1,105억 원을 올렸습니다. 매출액 중 수출이 차지하는 비중은 82%에 달하는 수출주도형 강소기업입니다. 2021년 들어서는 자동차 전장에 쓰이는 메모리 반도체 분야로 영역을 확장하기도 했습니다.

이들 팹리스 업체와는 조금 다른 형태도 있습니다. 반도체 설계자산(IP) 회사가 그렇습니다. 반도체 설계자산 회사는 반도체를 설계하는 과정에 필요한 일부 설계도를 로열티와 라이선스를 받고 공급하는 형태인데요. 해외에서는 미국 엔비디아가 인수를 진행 중인 영국 ARM이 대표적이고요. 국내에선 코스닥에 상장한 칩스앤미디어가 주목을 받습니다.

이렇게 반도체 슈퍼사이클과 함께 팹리스 업체들도 주목받고 있는 게 사실입니다. 하지만 전 세계 팹리스 시장에서 우리나라 경쟁력은 여전히 미약하다는 게 업계 중론입니다. 옴디아에 따르면 전 세계 팹리스 시장에서 한국이 차지하는 비중은 1.5%에 불과합니다. 이는 1위인 미국 56.8%를 비롯해 대만 20.7%, 중국 16.7% 등과도 비교되는 대목입니다.

반도체 제품을 개발하기 위해서는 많은 연구·개발(R&D) 비용이 필요합니다. 하지만 대부분 영세한 규모인 팹리스 업체로서는 비용을 감당하기 어려운 상황입니다. 여기에 반도체 설계를 위한 인력과 인프라마저 대기업에 편중돼 있어 자체적인 경쟁력을 확보하기가 쉽지 않습니다. 이런 한계로 국내 팹리스가 해외로 매각되는 사례도 매년 발생합니다.

그나마 반도체 슈퍼사이클로 인해 국내외 대기업들이 장악해온 반도체 분야에 국내 팹리스 업체

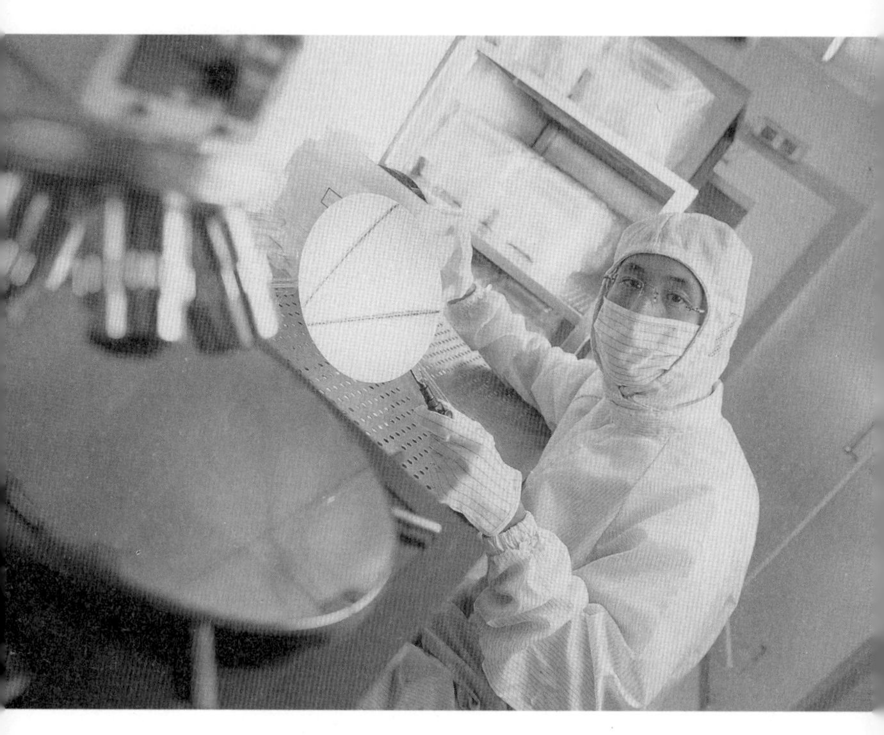

제주반도체 직원이 반도체 웨이퍼를 들어보이고 있다

들이 진입할 수 있는 가능성이 열렸다는 점은 매우 다행스럽습니다. 많이 늦었지만, 지금이라도 정부가 R&D 자금 등에 있어 과감한 지원정책을 통해 국내 팹리스 산업을 육성에 적극 나서야 할 때입니다.

6.
국산 신약 역사는

신약은 전에 없던 새로운 의약품을 말합니다. 통상 의약품이라고 하면 신약 외에 개량신약, 복제약(제네릭)도 포함하기 때문에 세상에 없던 의약품을 완전히 새롭게 만들 경우 신약이라고 불러야 합니다.

2021년(9월 기준)에 국산 신약은 총 3개 탄생했습니다. 유한양행 표적항암제 '렉라자'(31호)와 셀트리온 코로나19 치료제 '렉키로나'(32호), 한미약품 바이오의약품 '롤론티스'(33호)가 그 주인공입니다. 가장 최근 국산 신약으로 등록한 33호 롤론티스는 암 환자에 발생하는 호중구감소증 치료와 예방 용도로 투여합니다. 32호 렉키로나는 셀트리온이 식품의약품안전처로부터 임상 3상을 조건부로 허가받은 코로나19 치료제입니다. 대웅제약이 개발 중인 위식도 역류질환 치료제 '펙수프라잔'은 34번째 국산 신약으로 유력하게 거론됩니다. 이 시점에서 그동안 어떤 국산 신약이 있었는지 되짚어보도록 하겠습니다.

국산 신약, 그 출발은 SK케미칼 '선플라주'였습니다. 지난 1997년 식품의약품안전처로부터 공식 허가를 받은 SK케미칼 위암치료제 선플라주는 10년 동안 약 100억원의 연구 · 개발(R&D) 자금이 투입됐습니다. 첫 국산 신약으로 주목받았습니다만, 당시 상업적인 성공을 거두지 못했고요. 아쉽게도 현재 생산도 되지 않고 있습니다.

많은 금액을 투입한 사례로는 5호 국산 신약인 LG화학 '팩티브'가 꼽힙니다. 팩티브는 LG화학이 임상 1상을 마친 뒤 영국 글락소스미스클라인(GSK)에 판권을 넘겨 글로벌 임상에 착수했습니다. 국내 임상은 LG화학, 글로벌 임상은 글락소스미스클라인이 진행하는 방식입니다. 이 과정에서 글락소스미스클라인과 LG화학이 각각 3,000억 원과 500억 원, 약 3,500억 원을 팩티브 개발에 투입했습니다. 이후 글락소스미스클라인과의 파트너십 종료 후 신약 기술을 돌려받은 LG화학이 나머지 과정을 마치고 2002년 식품의약품안전처로부터 신약 승인을 받았습니다. 이듬해엔 미국식품의약국(FDA) 승인까지 받으면서 국산으로는 첫 글로벌 신약이 됐습니다.

신약을 만드는데 무려 20년이란 기간이 소요된 사례도 있는데요. 14호 국산 신약으로 등록된 일양약품 '놀텍'은 지난 1988년 개발에 착수한 뒤 2008년에서야 식품의약품안전처로부터 공식 허가를 받을 수 있었습니다. 놀텍은 십이지장궤양, 위궤양 등에 효과가 있습니다.

국산 신약 중 '빅 3'는 LG화학 '제미글로군', 보

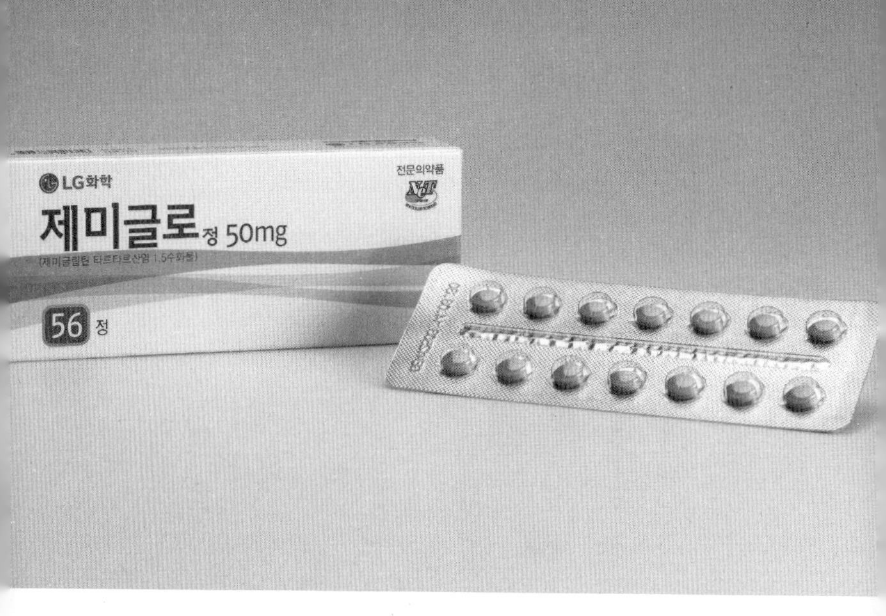

LG화학 제미글로

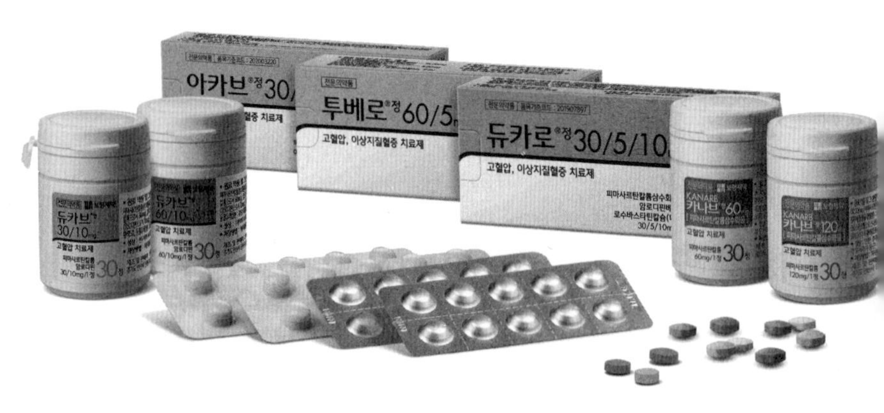

전문의약품
투베로®정 60/5
고혈압, 이상지질혈증 치료제
듀카로®정 30/5/10
고혈압, 이상지질혈증 치료제
고혈압 치료제
30정

보령제약 카나브 패밀리

령제약 '카나브 패밀리', HK이노엔(옛 CJ헬스케어) '케이캡'입니다. 우선 '제미글로', '제미메트', '제미로우' 등으로 구성된 제미글로군은 2021년 상반기에만 587억 원을 처방했습니다. 이는 전년 동기 560억 원보다 4.8% 늘어난 수치입니다. 현 추세라면 제미글로군은 2019년 1,008억 원, 2020년 1,163억 원에 이어 2021년까지 3년 연속 1,000억 원 이상 처방 실적을 기록할 전망입니다. LG화학이 2003년 개발에 착수해 2012년 말 출시한 제미글로군은 국산 신약 19호입니다. 출시 첫해 처방 실적은 56억 원에 불과했지만, 이후 복합제 제미메트 등을 출시하면서 2016년에는 500억 원을 넘기고 2019년에는 1,000억 원을 돌파하는 등 매년 꾸준히 처방 실적이 늘어나는 추세입니다.

제미글로군 뒤를 쫓는 국산 신약은 보령제약 고혈압 치료제 카나브 패밀리입니다. 카나브 패밀리는 국산 신약 15호인 '카나브'와 복합제인 '카나브플러스', '듀카브', '투베로' 등으로 구성된 제품군입니다. 카나브 패밀리는 의료진에게 다양한 선택의 폭을 제공하면서 2020년 처방 실적 1,039억 원을 기록하며 처음으로 1,000억 원을 넘어섰습니다. 2021년 상반기 처방액은 전년 동기보다 16.1% 늘어난 564억 원이었습니다. 카나브 패밀리 역시 2021년 연간 1,000억 원 이상 처방 실적을 거둘 것으로 예상됩니다. 카나브 패밀리를 처방받은 환자는 2020년 70만 명에 달했습니다. 국내 고혈압 환자가 약 800만~900만 명인 점을 감안하면 10명 중 1명은 카나브를 복용한 셈입니다.

케이캡은 무서운 성장세가 돋보이는 국산 신약입니다. 국산 30호 신약인 케이캡은 출시 직후인 2019년 상반기 처방 실적이 90억 원이었습니다. 이어 2020년 상반기엔 307억 원으로 늘어났으며, 2021년 상반기엔 454억 원을 기록했습니다. 케이캡은 위식도 역류질환 치료제입니다.

이 밖에 주목할만한 국산 신약으로는 동아에스티 '슈가논정'이 있습니다. 26호 국산 신약으로 등록

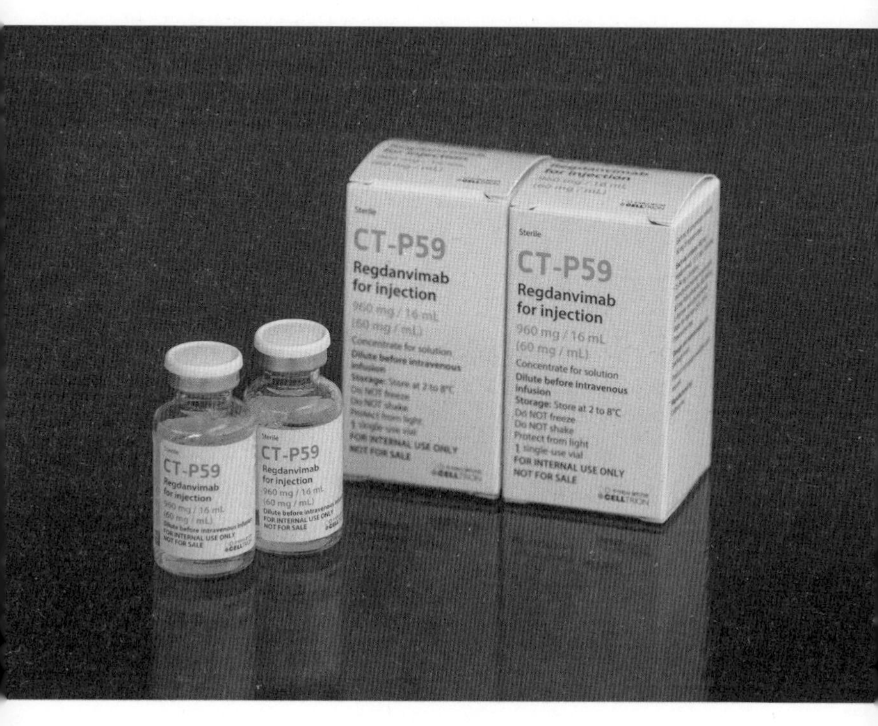

셀트리온 코로나19 항체 치료제 렉키로나

한 슈가논정은 당뇨병 치료제로 처방 실적이 2020년 상반기 48억 원에서 2021년 상반기 58억 원으로 22% 정도 늘어났습니다.

우리나라 제약산업은 100년이 넘는 역사를 자랑합니다. 통상 1897년 출시한 '활명수'(동화약품)를 그 시작으로 봅니다. 하지만 이후 국내 제약사들은 오랜 기간 해외 업체들이 출시한 뒤 특허가 만료한 의약품을 복제해서 판매하는 수준에 머물렀습니다. 이렇듯 복제약 판매에서 벗어나 우리나라에서도 신약을 만들 수 있음을 처음으로 보여줬던 선플라주, 그리고 33호 롤론티스까지 모두가 자랑스러운 국산 신약입니다. 하지만 세계 1위 의약품 '휴미라'(미국 애브비)가 연간 22조 원에 달하는 매출액을 올리는 점을 감안할 때 국산 의약품의 갈 길은 아직 멀어 보이기만 합니다.

7.
바이오의약품과 셀트리온

셀트리온은 우리나라를 대표하는 바이오 회사입니다. 시가총액은 38조 원(2021년 9월 기준)에 달합니다. 이는 삼성전자 460조 원, SK하이닉스 76조 원, 네이버 67조 원 등에 이어 코스피 10위에 해당합니다. 10년 전만 해도 가능성으로만 주목을 받았던 바이오 벤처기업이 이렇게 수년 만에 빠르게 성장할 수 있었던 것은 바이오의약품, 특히 '바이오시밀러'(Biosimilar) 분야에 선도적으로 진입했기 때문입니다.

바이오의약품에 앞서 의약품 산업 전반에 대해

아셔야 합니다. 독자 여러분께서 흔히 들어보신 국내 제약사로는 유한양행, 한미약품, 광동제약, 종근당, GC녹십자, 보령제약 등이 있을 겁니다. 이들 제약사가 올리는 매출 중 상당액이 의약품 복제약, 즉 '제네릭'이 차지합니다. 이를테면 존슨앤존슨, 화이자, 머크, 노바티스, 사노피, 암젠 등 해외 글로벌 제약사들이 오리지널 의약품(신약)을 만들면 판매에 있어 독점적인 지위, 즉 특허권을 10년 정도 보장받습니다.

그러면 국내 제약사들은 이들 오리지널 의약품 특허 기간이 종료할 때를 맞춰 오리지널 의약품을 복제한 약을 만들어 판매하는 방식입니다. 그리고 이들 오리지널 의약품을 만드는 데는 적게는 수천억 원에서 많게는 수조 원까지 돈이 들어갑니다. 이런 이유로 자금 여력이 있는 해외 글로벌 제약사는 오리지널 의약품을 만들고, 상대적으로 규모가 작은 국내 제약사들은 복제약에 주력하는 형태가 된 것이죠.

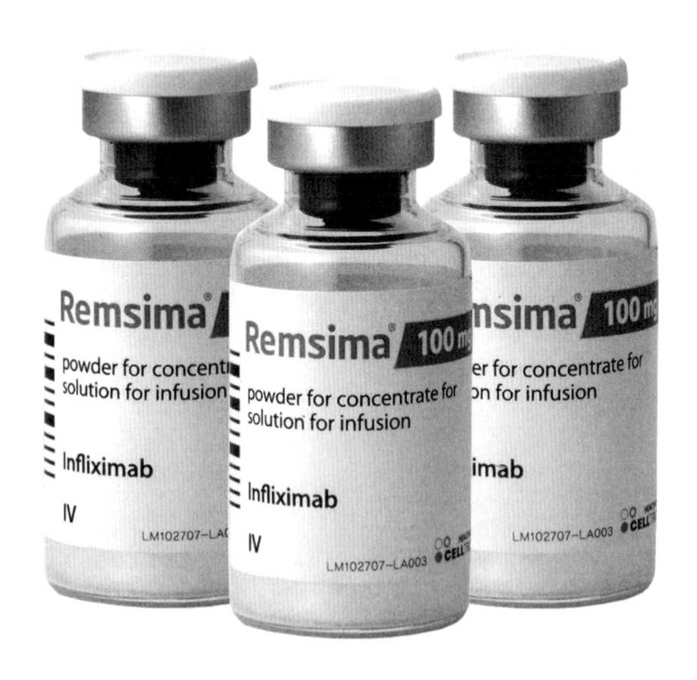

셀트리온 바이오시밀러 램시마

다행스럽게도 최근 국내 제약사들도 어느 정도 규모를 갖추고 신약 분야에서 성과를 내고 있습니다. 이를테면 LG화학 '제미글로군', 보령제약 '카나브 패밀리', HK이노엔 '케이캡' 등이 연간 1000억원 안팎의 매출액을 올리고 있습니다. 지난 1997년 식품의약품안전처로부터 공식 허가를 받은 SK케미칼 '선플라주'를 시작으로 2021년 승인된 한미약품 '롤론티스'까지 국산 신약은 33종(2021년 9월 기준)에 달합니다.

앞서 언급한 의약품은 대부분 화학물질을 조합하는 방식으로 만듭니다. 독자 여러분께서 흔히 약국에서 구입할 수 있는 알약을 생각하시면 됩니다. 그런데, 1980년대 들어 새로운 형태의 의약품이 나옵니다. 화학약품이 아닌 살아 있는 세포, 즉 '셀'(Cell)을 조합해서 의약품을 만드는 것입니다. 이는 생명체를 구성하는 최소 단위인 셀을 활용하기 때문에 생명체인 사람 몸에 더 빠르고 효과적으로 작용을 합니다. 대표적인 바이오의약품이 미국 에브

셀트리온 본사 전경

비의 자가면역질환 치료제 '휴미라'입니다.

휴미라는 연간 22조 원 매출액을 올리며 단일 의약품으로는 수십 년째 1위 자리를 이어가고 있습니다. 에브비 외에 로슈 역시 바이오의약품 업체로 유명한데요. 로슈는 혈액암 치료제 '리툭산', 유방암 치료제 '허셉틴' 등 오리지널 바이오의약품을 보유하고 있습니다. 이렇듯 바이오의약품이 등장하면서 종전 화학약품을 조합한 의약품은 화학 의약품, 또는 합성 의약품이란 용어로 별도로 분류하기도 합니다.

문제는 '항체의약품'이라고도 하는 바이오의약품은 화학 의약품과 달리 복제가 쉽지 않다는 것이죠. 사실 과거엔 바이오의약품은 복제하는 것 자체가 불가능하다고 여겨졌습니다. 왜냐하면 화학 의약품은 화학약품 조합이기 때문에 화학적으로 분해하고 성분을 분석한 뒤 재조합할 수 있습니다. 하지만 바이오의약품은 살아 있는 셀을 단위로 하기 때문에, 오리지널 바이오의약품과 동일하게 만든다는 것 자체가 매우 어려운 것이죠.

하지만 이 어려운 걸 셀트리온이 해냅니다. 셀트리온이 얀센 '레미케이드' 복제약인 '램시마'를 최초로 출시한 것이죠. 하지만 이는 레미케이드를 완전히 복제한 형태가 아닌 유사한 형태입니다. 이런 이유로 바이오의약품 복제약을 영어로 '유사하다'(similar)는 의미를 붙여 '바이오시밀러'라고 합니다.

셀트리온은 램시마 이후에도 '리툭산' 바이오시밀러 '트룩시마', '허셉틴' 바이오시밀러 '허쥬마'를 잇달아 출시했습니다. 이렇게 램시마와 트룩시마, 허쥬마를 묶어서 셀트리온 바이오시밀러 3 총사라고 부릅니다. 특히 바이오시밀러는 오리지널 바이오의약품과 효능은 비슷한데 가격은 20~30% 정도 저렴합니다.

이렇게 가격을 낮췄다고 해서 수익성이 나쁜 것이 아닙니다. 셀트리온은 2020년 매출액 1조 8,491억 원에 영업이익 7,121억 원을 올렸습니다. 영업이익률이 38.5%에 달한 것이죠. 결국 셀트리온

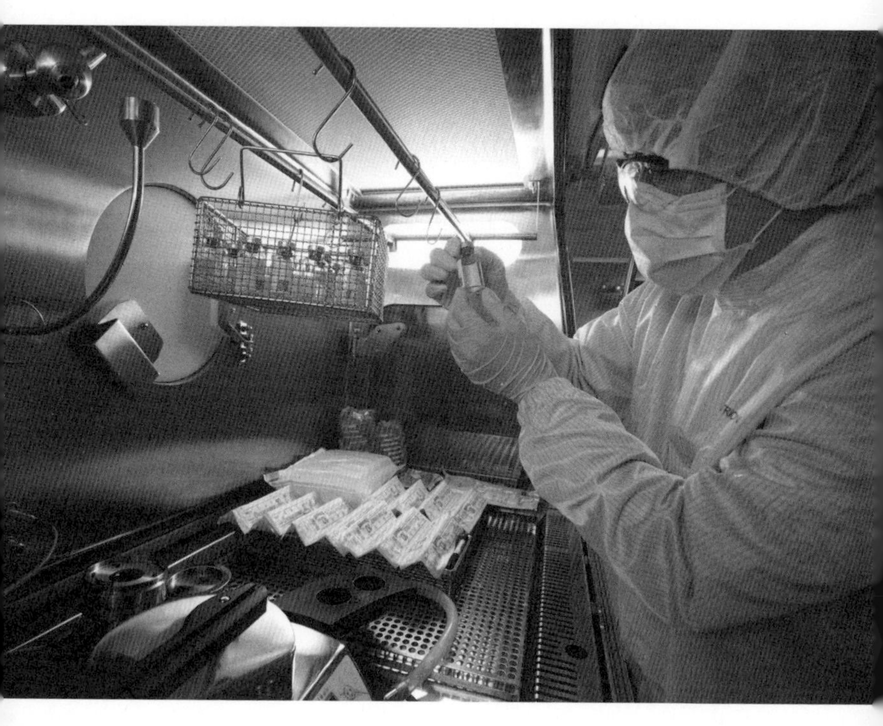

셀트리온 연구소

은 세상에 없던 바이오의약품 복제약, 즉 바이오시밀러라는 영역을 선도적으로 개척하면서 현재까지 승승장구하고 있습니다.

이렇게 셀트리온이 바이오시밀러 영역을 독주해왔습니다만, 지금은 국내외 유수 제약 · 바이오 업체들이 진입하거나 진입을 준비 중입니다. 일례로 화이자가 리툭산 바이오시밀러 '룩시엔스', 암젠 역시 리툭산 바이오시밀러 '리아브니'를 출시한 상황입니다. 결국 바이오시밀러 시장도 머지않아 경쟁이 치열한 분야가 될 수 있다는 전망이 나옵니다. 이를 위해 셀트리온 등 국내 바이오 기업들은 결국 오리지널 바이오의약품에 도전하고 성공을 거둬야만 앞으로도 성장세를 이어갈 수 있다는 주장이 나옵니다.

이렇듯 바이오의약품이란 영역은 우리나라를 대표하는 바이오 업체인 셀트리온조차도 쉽지 않다는 것을 인지하신 뒤 현재 증시에 상장된 다른 바이오 업체들을 봐주시면 어떨까 싶습니다.

8.

신약 기술수출, 대박인가

2021년 초 GC녹십자랩셀이 '깜짝' 신약 기술수출을 발표했습니다. 미국에 설립한 법인 아티바 바이오테라퓨틱스를 통해 다국적 제약사 머크에 총 2조 900억 원 규모로 고형암에 쓰이는 세포치료제 신약 기술을 수출하기로 계약을 체결한 것입니다. 이렇게 제약 · 바이오 업체들이 최근 대규모 계약을 맺으면서 신약 기술수출이 무엇인가에 대한 관심도 높아지고 있습니다.

신약 기술수출을 알기 위해서는 우선 신약을

개발하는 과정을 알아야 합니다. 신약은 후보물질을 발굴하는 작업에서 시작합니다. 수많은 화학약품 중에 어떤 것을 골라 얼마나 조합해야 할지를 선정하는 과정이죠. 이렇게 어렵게 선정된 신약 후보물질은 먼저 동물을 대상으로 효능을 시험하는 전임상을 실시합니다. 이렇게 전임상에서 어느 정도 효과를 보면, 이후 실제 사람을 대상으로 임상 1상, 임상 2상, 그리고 임상 3상을 실시합니다.

그런데 이렇게 임상 단계가 올라갈수록 후보물질을 적용해야 할 환자 수도 늘어나고 금액 역시 기하급수적으로 증가합니다. 그리고 임상 3상을 통과하더라도 신약을 시판한 뒤 부작용이 없는지까지 살펴야 하는데요. 이러한 과정을 임상 4상 또는 시판 후 안전성 조사(PMS)라고 합니다. 이렇게 전임상에서 임상 1 · 2 · 3상을 거치는 과정은 통상 10년 안팎이라는 긴 시간이 필요하고요. 비용 역시 수천억 원에서 수조 원까지 투입됩니다. 그리고 이런 과정을 거치더라도 실제로 후보물질이 신약으로 상용화까지 이어질 수 있는 확률은 10% 미만입니다.

이렇게 신약 개발은 오랜 기간, 큰 금액이 들어가고, 여기에 성공할 확률마저 낮습니다. 이런 이유로 신약 개발은 존슨앤존슨, 화이자, 베링거인겔하임, 머크와 같이 규모가 큰 다국적 제약사들이 주도하는 상황입니다. 다행히 한미약품과 유한양행, 보령제약 등 우리나라 제약 · 바이오 업체들이 그동안 총 33개(2021년 9월 기준)의 신약을 출시한 뒤 국내외에서 활발히 판매하고 있습니다.

하지만 국내 업체들 여건상 이런 모든 신약을 독자적으로 개발하고 출시하기엔 매우 버거운 상황입니다. 그래서 선택하는 또 다른 방법이 바로 신약 기술수출입니다. 이를테면 전임상을 마친 후보물질, 혹은 임상 1상을 마치고 어느 정도 검증된 후보물질을 다국적 제약사에 판매하는 방식이죠.

우리나라 신약 기술수출 역사는 한미약품과 함께 해왔다고 해도 과언이 아닙니다. 한미약품은 지난 2015년 프랑스 사노피 아벤티스와 무려 5조 192

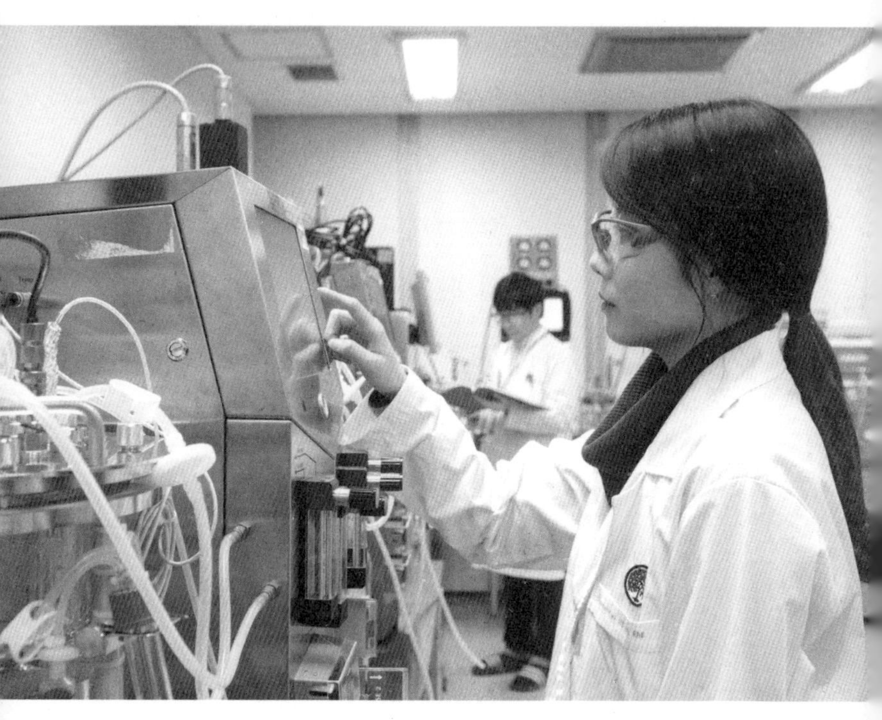

유한양행 연구소

억 원 규모로 표적항암제 기술수출 계약을 체결하며 큰 주목을 받았습니다. 국내 전체 제약시장이 20조 원 규모인 점을 감안할 때 당시 한미약품이 체결한 신약 기술수출 규모는 실로 어마어마한 수준이었고요. 아울러 우리나라 제약산업이 이 정도로 성장했다는 것을 전 세계 시장에 알리기에도 충분했죠.

이전까지 복제약(제네릭) 중심으로 성장해온 한국 제약 · 바이오 업체들이 신약 개발에 본격적으로 눈을 돌리기 시작한 계기도 됐습니다. 이후 2016년에는 동아에스티가 미국 애브비와 5,936억 원 규모로 면역항암제 기술수출 계약을 체결했고요. 이듬해엔 제넥신이 중국 아이맙에 6,332억 원 규모로 면역항암제 기술수출을 했습니다. 2018년엔 유한양행과 인트론바이오, 에이비엘바이오 등이 신약 기술수출 성과를 올렸습니다.

하지만 신약 기술수출엔 맹점이 있습니다. 실제로 한미약품은 독일 베링거인겔하임과 체결한 8,224억 원 규모 표적항암제 기술수출 계약이 중도에 해지되기도 했습니다. 이를 '기술 반환'이라고도 하는데요. 베링거인겔하임 측이 폐암치료제 시장 동향 등을 면밀히 검토한 뒤 관련 신약 개발을 포기하기로 결정한 것이죠.

결국 한미약품은 계약금과 함께 단계별 기술료, 일명 '마일스톤'을 포함해서 원금의 10분의 1도 안 되는 735억 원만 손에 쥐었습니다. 735억 원도 적은 금액은 아닙니다만, 당초 발표한 8,224억 원과는 차이가 크죠. 이 외에도 2020년 말 브릿지바이오가 베링거인겔하임과 체결한 1조 5,000억 원 규모 폐섬유증 후보물질 수출계약이 중도에 해지됐습니다. 브릿지바이오는 이 과정에서 임상 1상 진행에 따른 마일스톤 약 600억 원만 손에 쥐었습니다.

신약 기술수출은 계약을 체결하고 받는 계약금, 개발 단계별 성취도에 따라 받는 단계별 기술료 마일스톤, 그리고 개발을 마친 뒤 제품을 팔았을 때 매출액 중 일정 비율을 받는 로열티 등 다양하게 구성됩니다. 기술수출 당시 발표하는 금액이 단번에

한미약품 본사 전경

회사로 입금되는 구조가 아니죠. 당장 받을 수 있는 돈은 계약금이 전부입니다. 만약 임상 1상에서 신약을 기술 수출한 뒤 임상 2상을 마친 뒤 계약을 해지하면 임상 한 단계를 거친 만큼 마일스톤을 추가할 수는 있습니다.

기술 수출한 사례로 가장 크게 주목받는 유한양행 '레이저티닙' 역시 현재까지 계약금 566억 원만 받은 상황이고요. 레이저티닙이 상업화까지 이뤄질 경우 마일스톤을 포함해 최대 1조 3,627억 원을 받을 수 있는 조건입니다. 다만 이 역시 임상을 모두 마친 뒤 신약이 시판까지 되는 상황을 가정한 것이죠.

2021년에도 GC녹십자랩셀 외에 알테오젠, 나이벡, 제넥신, 대웅제약, 이뮨온시아(유한양행 합작사) 등이 신약 기술수출을 했다고 발표했는데요. 한국제약바이오협회에 따르면 2021년 9월 기준 의약품 기술수출 실적은 6조 2,374억 원에 달했습니다. 일부 금액을 공개하지 않은 계약은 제외한 수치입니다. 2020년 10조 1,488억 원을 기록하며 사상 처음 10조 원을 넘어선 의약품 기술수출은 2021년에도 호조를 보일 것이라는 게 업계 중론입니다.

하지만 제약·바이오 업체들이 계약을 체결할 당시에 발표하는 신약 기술수출 금액이 당장 손에 쥐어지는 게 아니라는 점. 그리고 신약 후보물질이 실제로 상용화까지 이어질 확률이 낮으며, 이런 이유로 중간에 기술 반환이 이뤄질 수도 있다는 점 등을 투자하시는데 감안하셔야 합니다.

9.
코로나 백신, 종류는

2021년 5월 열린 한미 정상회담 성과 중 하나로 삼성바이오로직스가 미국 모더나 코로나19 백신을 위탁생산(CMO)하기로 한 것을 꼽을 수 있습니다. 삼성바이오로직스는 인천 송도 본사 안에 모더나 백신 생산 시설을 구축했고요. 2021년 3분기부터 수억 회분 백신 물량을 생산 중입니다. 삼성바이오로직스가 위탁생산하는 모더나 백신은 화이자 백신과 같은 'mRNA'(메신저리보핵산) 방식입니다.

삼성바이오로직스에 앞서 SK바이오사이언스는

아스트라제네카 백신과 노바백스 백신을 위탁 생산하기로 계약을 체결했습니다. 먼저 아스트라제네카 백신을 현재 안동 공장에서 생산 중입니다. SK바이오사이언스가 위탁 생산하는 아스트라제네카 백신은 '바이러스 벡터'(전달체) 방식입니다. SK바이오사이언스는 향후 노바백스 백신 역시 생산할 예정인데요. 이는 위탁생산을 넘어 백신 기술까지 도입하는 'CDMO'(위탁개발 생산) 방식으로 주목을 받습니다. 노바백스 백신은 '합성항원' 방식입니다.

이 외에도 한국코러스와 휴온스 컨소시엄은 러시아 스푸트니크V 백신을 위탁 생산하기로 계약을 체결한 상황입니다. 스푸트니크V 역시 아스트라제네카와 같은 바이러스 벡터 방식입니다. 이렇듯 우리나라가 오랜 기간 바이오의약품과 바이오시밀러(바이오의약품 복제약)를 생산하며 검증받은 경쟁력을 바탕으로 글로벌 코로나19 백신 생산기지로 자리 잡는 상황입니다. 특히 모더나와 노바백스와 같이 기술력은 있지만, 양산 능력이 부족한 바이오 벤처기업들은 삼성

SK바이오사이언스 연구소

바이오로직스와 SK바이오사이언스 등 우리나라 위탁생산 업체들과 긴밀하게 협력하는 상황입니다.

여기서 독자 여러분은 한 가지 의문이 생기실 것입니다. △mRNA △바이러스 벡터 △합성항원 △DNA 등 백신을 만드는 방식이 다양하다는 점입니다. 그래서 백신 제조 방식을 살펴볼까 합니다. 우선 가장 크게 주목받는 mRNA 방식입니다. 이는 바이러스에서 항원 유전자를 빼내 RNA 형태로 몸속에 투여하는 방식입니다. 이 방식은 모더나가 세계 최초로 백신을 만드는데 적용해 큰 주목을 받았습니다. 모더나에 이어 곧바로 다국적 제약사인 화이자가 같은 mRNA 방식으로 백신을 만들었죠.

특히 mRNA 방식은 변이 바이러스가 생겼을 때 신속하게 대응할 수 있다는 강점이 있습니다. 인도 등에서 코로나19 변이 바이러스가 발생하기도 했는데요. mRNA 방식은 이론상 염기만 갈아 끼우면 변이 바이러스에 대응할 수 있습니다. 백신을 생산할 때도 다른 방식보다 비용이 적게 든다고 합니

삼성바이오로직스 본사 전경

다. 화이자는 이미 코로나19 백신에 이어 4기 독감 백신까지 mRNA 방식을 이용해 만들 것이라고 발표했습니다. 앞으로 mRNA 방식은 백신뿐 아니라 다양한 의약품 개발에 활용될 전망입니다.

다음으로 바이러스 벡터 방식인데요. mRNA에 앞서 보편화된 백신 개발 방식입니다. 이 역시 mRNA처럼 바이러스에서 항원 유전자를 빼내는 방식이고요. 다만 RNA가 아닌 다른 바이러스에 넣어 인체에 투여합니다. 이는 아스트라제네카와 얀센 등이 적용해 허가를 받고 업계에 활발히 공급 중입니다. 이 밖에 바이러스 항원을 직접 적용하는 'DNA'(유전자) 방식, 유전자를 재조합하는 합성항원 방식 등이 있습니다.

정리하면 △모더나와 화이자, 큐어백 mRNA △아스트라제네카와 얀센, 스푸트니크V 바이러스 벡터 △노바백스 합성항원 방식입니다. 이렇듯 코로나19 백신은 해외 업체들만 만들거나 개발을 진행 중인 것은 아니고요. 국내에서도 다소 늦은 감은 있지만, 코로나19 백신 개발에 박차를 가하는 중입니다. 국내에선 셀리드와 제넥신, 진원생명과학, 유바이오로직스 등이 코로나19 백신 개발을 진행 중이라고 발표했습니다. 특히 SK바이오사이언스는 아스트라제네카와 노바백스 백신 위탁생산뿐 아니라 독자적인 백신 개발도 병행 중이죠.

우리 정부는 '골든타임'을 놓치지 않기 위해 '비교임상'이란 방식을 이용해 국산 백신을 빠르게 허가한다는 방침인데요. 일반적인 백신 임상은 위약(가짜약)과의 비교를 통해 약의 효능과 안전성을 검증합니다. 만드는 방식도 전임상(동물임상)과 임상 1상, 임상 2상, 임상 3상 등 일반 의약품과 동일합니다. 하지만 이는 위약을 맞을 임상 참가자를 모집해야 하는 등 비용과 시간이 많이 들 수밖에 없습니다.

반면 비교임상은 이미 허가받은 백신에 견줘 평가하는 방식입니다. 이를테면 mRNA 방식으로 백신을 개발 중인 업체는 모더나와 화이자 백신과 효능 · 안전성을 비교하면 됩니다. 이런 이유로 백

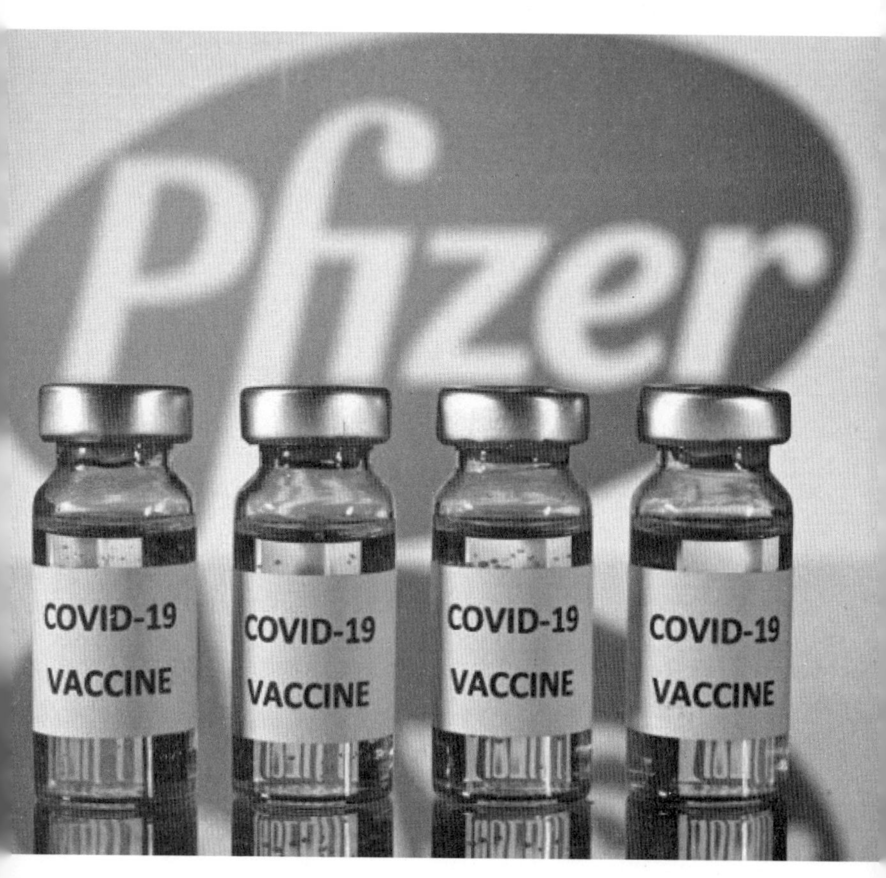
Pfizer
COVID-19
VACCINE
COVID-19
VACCINE
COVID-19
VACCINE
COVID-19
VACCINE

화이자 코로나19 백신

신 개발과 허가 과정을 크게 앞당길 수 있죠.

다만 백신 개발 방식에 따른 차이는 있는데요. 우선 셀리드와 같이 바이러스 벡터 방식으로 백신을 개발하는 업체는 아스트라제네카와 얀센 등 당장 비교할 수 있는 백신이 있습니다. 하지만 제넥신과 진원생명과학 등 DNA 방식으로 개발하는 업체들은 비교임상을 할 수 있는 대상이 없습니다.

SK바이오사이언스와 같이 합성항원 방식을 선택한 업체들 역시 영향을 받을 수 있습니다. 이들 업체가 비교임상을 해야 할 백신은 노바백스 제품인데요. 당초 2021년 6월로 목표했던 노바백스 백신 미국 · 유럽 허가 신청이 늦춰지고 있는 것입니다. SK바이오사이언스가 2021년 안에 백신 임상 3상에 착수한다는 목표를 세웠습니다만, 노바백스 백신 허가가 더 지연될 경우 비교임상할 대상이 없을 수 있습니다. 국산 백신이 골든타임을 놓쳐 무용지물이 되지 않도록 우리 정부가 보다 적극적으로 나서야 할 필요가 있어 보입니다.

10.
해외로 나가는 의료기기

의료기기는 제약 · 바이오 산업에 있어 또 하나의 축을 구성합니다. 우리나라 의료기기 업체들이 코로나19 악재를 뚫고 전 세계 시장에서 승승장구하고 있습니다. 지난 2020년 의료기기 수출이 전년보다 무려 80% 가까이 증가했는데요. 2020년 한 해 동안 코로나19 악재로 인해 수출길이 꽁꽁 얼어붙었다는 점을 감안하면 이는 매우 고무적인 성과입니다. 그동안 내수시장에서 검증받은 의료기기가 4차 산업혁명과 함께 해외 시장으로 빠르게 뻗어나가는 분위기입니다.

우리나라 의료기기 수출 증가세는 수치상으로도 드러납니다. 한국의료기기산업협회에 따르면 2016년 당시 29억 2,000만 달러에 불과했던 의료기기 수출액은 이듬해 31억 6,000만 달러, 2018년 36억 1,000만 달러로 늘어났습니다. 이어 2019년에는 37억 1,000만 달러를 기록했으며, 특히 2020년엔 전년보다 78.9%나 증가한 66억 4,000만 달러에 달했습니다.

2020년 의료기기 수출 증가는 코로나19 상황과도 무관치 않았다는 분석입니다. 실제로 의료기기 수출 품목 상위에 디지털 엑스레이와 초음파 영상진단장치 등이 있습니다. 이는 코로나19로 인해 전 세계적으로 폐 등을 촬영하기 위한 수요가 급증한 데 따른 움직임으로 보입니다.

우리나라 의료기기 업체들이 해외로 뻗어나가는 것은 4차 산업혁명과도 연관이 있습니다. 4차 산업혁명은 인공지능(AI)과 빅데이터, 사물인터넷(IoT)

등 정보통신기술(ICT)이 다양한 분야에 접목되는 게 핵심인데요. 아시다시피 우리나라는 전 세계에서 가장 빠르게 정보통신기술이 진화하는 국가죠. 일례로 5G 이동통신 서비스를 우리나라가 2019년 4월 미국을 제치고 세계 최초로 도입하기도 했습니다. 이렇듯 우리나라 의료기기 업체들이 자사 제품에 정보통신기술을 빠르게 접목하면서 그동안 미국 GE와 유럽 지멘스, 필립스 등 해외 업체들이 장악해온 의료기기 시장에서 '메이드 인 코리아'가 두각을 보이기 시작한 것이죠.

이렇게 해외 시장에서 주목받는 의료기기 회사들 중 일부를 다뤄볼까 합니다. 이들 업체는 매출액 중 수출이 차지하는 비중이 50% 이상인 수출주도형 강소기업이라는 공통점이 있습니다. 우선 디알텍입니다. 디알텍은 엑스레이 안에 들어가는 디지털 장치인 디텍터(촬상소자) 분야에서 주목을 받습니다. 디텍터는 엑스레이로 촬영한 이미지를 눈으로 볼 수 있도록 바꿔주는 기능을 합니다. 엑스레이를 카메

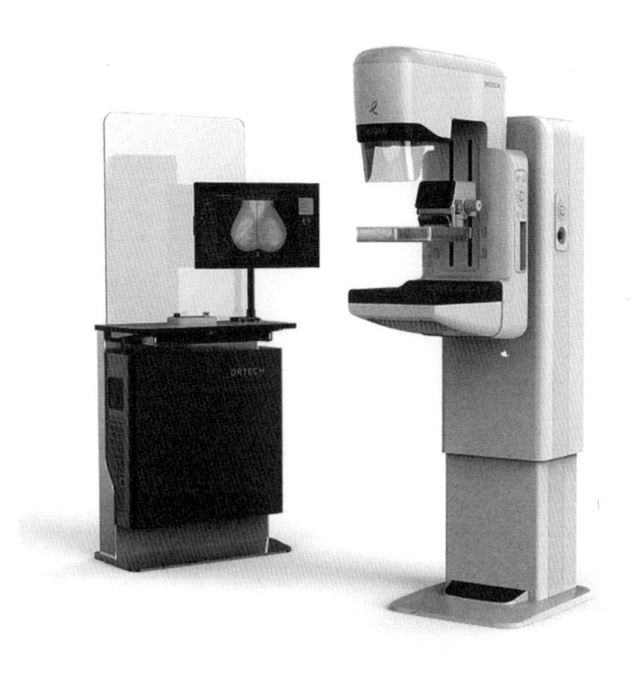

디알텍 맘모시스템

라에 비유하면 디텍터는 필름인 셈입니다. 디알텍은 2021년 초 인공지능 기술을 적용한 동영상 디텍터를 출시하며 업계에서 주목을 받고 있습니다.

디알텍은 2021년 2분기 '깜짝' 실적을 일궜는데요. 매출액이 전년 동기보다 42% 늘어난 209억 원이었습니다. 이 회사가 분기 매출액 200억 원 이상을 기록한 것은 이번이 처음이었습니다. 같은 기간 영업이익 24억 원을 올리면서 전년 동기 8억 원 적자에서 흑자로 전환하기도 했습니다. 영업이익률은 두 자릿수(12%)를 기록했습니다. 이는 미국과 일본 등 해외에 디텍터를 활발히 수출했기 때문입니다. 디알텍 매출액 중 수출이 차지하는 비중은 75% 수준입니다.

디알텍은 2000년 설립한 이래로 디텍터에 주력해왔는데요. 여기에 2020년 디텍터에 이어 엑스레이 분야로 영역을 확장하기도 했습니다. 엑스레이에 들어가는 디텍터, 그리고 엑스레이까지 직접 업계에 공급하면서 시너지 효과를 내고 있다는 평가입니다.

다음으로 레이(Ray)는 치과용 엑스레이 분야에

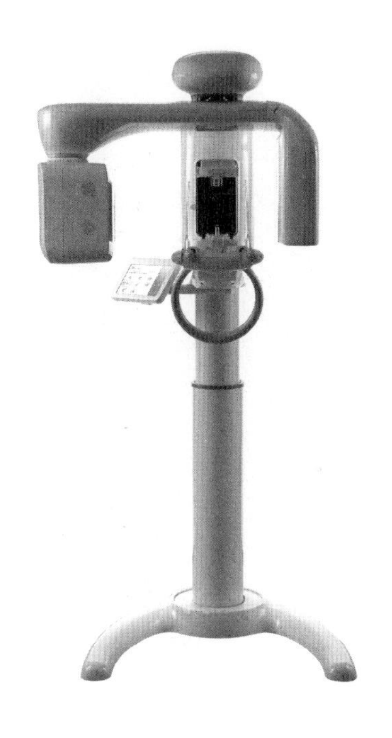

레이 엑스레이 레이스캔 알파

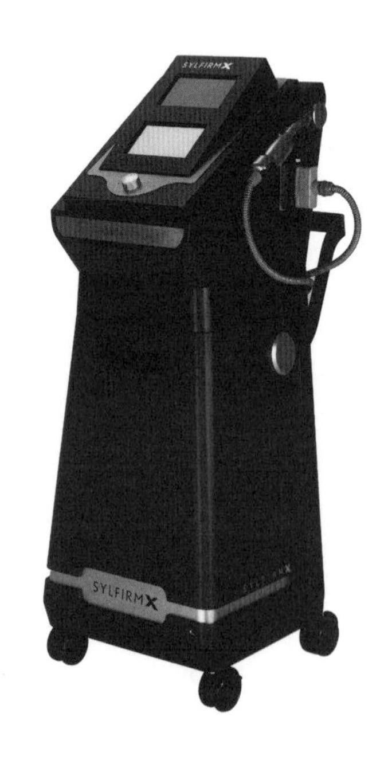

비올 피부과 의료기기 실펌X

서 주목을 받는 업체입니다. 이 회사 역시 2021년 2분기에 괄목할만한 실적을 거뒀는데요. 매출액은 전년 동기보다 무려 3배(204%) 증가한 237억 원이었습니다. 같은 기간 영업이익 49억 원을 올리면서 전년 동기 22억 원 적자에서 흑자로 돌아섰습니다. 매출액 중 수출이 차지하는 비중은 무려 92%에 달했습니다.

레이는 2004년 설립한 이래로 치과용 엑스레이를 비롯한 치과용 의료기기 개발에 주력했습니다. 특히 2012년 출시한 치과용 엑스레이 '레이스캔 알파'가 국내외 시장에 활발히 공급되면서 매년 꾸준히 성장했습니다. 엑스레이에 이어 3D프린터, 3D 페이스 스캐너, 투명교정장치 등 치과용 디지털 의료기기와 관련한 토털 솔루션을 확보했습니다. 그 결과 2017년 이후 3년간 연평균 40%에 달하는 고성장을 일궜습니다. 2020년 잠시 주춤했던 실적도 2021년 들어서는 큰 폭으로 개선되는 추세입니다.

마지막으로 비올(VIOL)입니다. 이 회사는 피부

과 의료기기에 주력하는데요. 종전 피부과 의료기기는 피부 진피가 아닌 표피에 조사하기 때문에 피부 개선에 한계가 있었습니다. 하지만 비올이 보유한 고주파 원천기술을 활용하면 진피까지 자극을 전달해 피부 개선 효과를 높일 수 있습니다.

비올은 매출액 중 북미와 유럽 등 해외에 수출하는 비중이 77%에 달합니다. 2021년 2분기 매출액은 전년 동기보다 20% 늘어난 44억 원이었습니다. 이 회사는 2020년 출시한 피부과 의료기기 '실펌 X'를 2021년 2분기부터 미국 등 해외 시장에 수출하면서 실적이 개선되는 추세입니다. 비올은 OLED(유기발광다이오드) 장비 중견기업인 디엠에스 자회사이기도 합니다.

'코로나19 팬데믹'(대유행)과 함께 4차 산업혁명도 가속화하고 있습니다. 이러한 4차 산업혁명 흐름을 타고 그동안 미국과 유럽, 일본 등 해외 의료기기 업체들이 주도해온 글로벌 의료기기 시장에서 'K의료기기' 열풍이 불 수 있기를 기대해봅니다.

11.
배터리인가, 이차전지인가

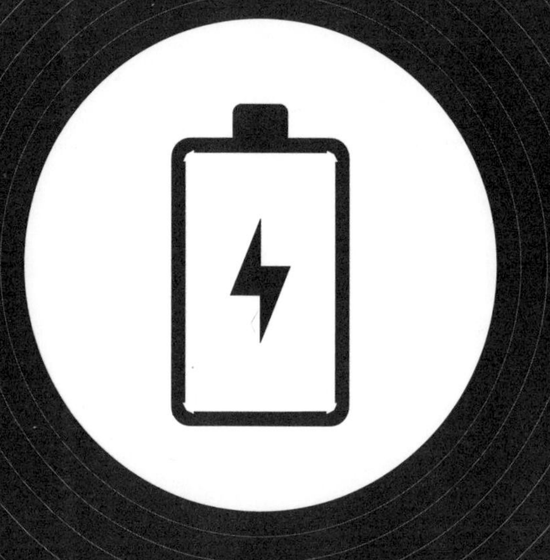

미국에 바이든 정부가 들어선 뒤 처음으로 2021년 5월 진행한 한미 정상회담. 당시 정상회담 키워드를 3가지로 정리해본다면 △반도체 △바이오 △배터리라고 할 수 있습니다. 앞서 반도체와 바이오에 대해 언급했으니 이번엔 배터리 차례겠죠.

우선 독자 여러분은 배터리냐, 이차전지냐, 어떤 게 맞을지 궁금하실 겁니다. 실제로 언론에서도 배터리와 이차전지, 이 두 가지 용어를 혼용해서 쓰는데요. 우선 어떤 게 맞는지 말씀드리려고 합니다.

과거 카세트로 음악을 듣던 시절입니다. 영화 '라붐'에서 남자 주인공이 여자 주인공에 카세트 이어폰을 끼워주면 거기에서 음악 '리얼리티'가 나왔죠. 과거 이 영화를 보고 같은 방법으로 사랑 고백을 하는 일들이 아주 많았습니다.

그리고 여기 카세트에 들어가는 배터리. 마트나 문방구에서 배터리를 구매하고, 수명이 다하면 버린 뒤 다시 배터리를 구매했었는데요. 이는 한번 쓰고 버리는 일차전지입니다. '건전지'라고도 하죠. 과거 이렇게 카세트 등에 쓰였던 일차전지는 지금도 가스계량기 등에 여전히 활발히 사용됩니다. 일차전지 분야에서는 비츠로셀이 프랑스 사프트, 이스라엘 타디란 등과 함께 전 세계 시장을 주도합니다.

이제 '라떼'에서 벗어나 현재로 돌아옵니다. 독자 여러분이 쓰시는 스마트폰. 충전해서 다시 쓰고 충전해서 다시 쓸 수 있죠. 이렇게 한번 쓰고 버리는 게 아닌, 충전을 통해 반영구적으로 쓸 수 있는 배터리가 바로 이차전지입니다. 이렇게 배터리 종류는 △일차전지 △이차전지 △연료전지 등으로 나뉩니다. 최근 모바일과 전기자동차 등에 쓰이는 것이 이차전지인 점을 감안할 때 '배터리'라는 용어보다는 '이차전지'라고 표현하는 게 맞을 듯합니다.

이차전지는 그동안 스마트폰과 태블릿 PC 등 모바일을 중심으로 활발히 채용됐습니다. 그리고 최근에는 진공청소기에서 전원을 연결하는 코드가 없어지는 추세에 따라 무선청소기 등 가전에도 채택이 되고 있고요. 전동공구 등에도 쓰이고 있습니다. 중요한 점은 '탄소중립' 등 친환경 트렌드가 전 세계적으로 확산하면서 내연기관차가 줄고 전기자동차가 늘어나고 있습니다. 그리고 전기자동차 에너지원으로 이차전지가 쓰인다는 것이죠.

시장조사기관 IHS에 따르면 2021년 전 세계 전기자동차 시장 규모는 394만대에 달할 전망입니다. 2020년 관련 시장 규모가 228만대였던 점을 고려하면 1년 만에 무려 72.8%가 늘어나는 셈입니다. 나아가 2025년에는 전기차 시장 규모가 1,126만대에 달

LG에너지솔루션 이차전지

할 것으로 예상됩니다. 실제로 일론 머스크가 이끄는 테슬라는 처음부터 전기자동차에 특화해서 완성차 시장에 진출했고요. 완성차 분야에서 후발주자임에도 불구하고 큰 성공을 거두며 주목을 받고 있습니다.

이러한 흐름에 따라 현대자동차는 2021년 전기자동차 '아이오닉 5'를 출시했고요. 기아 역시 'EV6'를 공개하는 등 국내 완성차 업계에서도 신차를 전기자동차로 출시하는 경우가 늘고 있습니다. 해외 완성차 업체인 볼보는 방송광고를 통해 '볼보가 전기차 회사로 전환하는 이유'라는 문구를 사용하기도 했습니다.

이렇게 전기자동차 시장이 빠르게 커지면서 이차전지 시장 역시 크게 성장할 것으로 전망됩니다. IHS에 따르면 전기자동차에 쓰이는 이차전지 시장 규모가 2021년 64조 원에서 오는 2025년 186조 원까지 늘어날 전망입니다. 이럴 경우 관련 시장은 5년 사이 무려 3배나 증가하는 셈입니다. 이렇게 이

SK온 헝가리 2공장 전경

차전지가 빠르게 성장하는 것을 주목하고 우리나라에서도 일찌감치 이차전지를 '제2의 반도체'라고 부르며 육성하려는 의지를 강하게 내비쳐왔습니다.

다행히 우리나라는 반도체만 강한 게 아니라 이차전지도 강합니다. 시장조사기관 SNE리서치에 따르면 2021년 1분기 기준으로 전기자동차용 이차전지 시장에서 LG에너지솔루션이 20.5% 점유율로 2위, 삼성SDI가 5.3%로 5위, SK온(옛 SK이노베이션 배터리 사업부)이 5.1%로 6위에 이름을 올려놓고 있습니다. 전 세계 상위 10곳 중 무려 3곳이 한국 기업입니다.

하지만 아쉬운 점이 있습니다. 업계 1위는 중국 CATL(닝더스다이)이고요. 점유율은 31.5%에 달합니다. 한국 업체 3곳 점유율을 모두 합쳐도 CATL에 조금 못 미치는 수준입니다. 삼성전자와 SK하이닉스 등 우리나라가 전 세계 D램 메모리 반도체 시장에서 71.6%라는 경이로운 점유율을 올리는 점과 비교할 때 아직 국내에서 이차전지는 반도체만큼 포

삼성SDI 이차전지

스를 내뿜고 있지는 못합니다.

이런 점에서 LG에너지솔루션과 SK온 간 특허 분쟁이 타결된 점은 매우 다행스러운 일입니다. 2021년 4월이었고요. 2년 이상 국내와 미국에서 법정 공방을 벌이며 평행선을 달려온 LG에너지솔루션과 SK온의 특허 분쟁. 결국, 우리 정부와 미국 정부가 노력한 끝에 결국 양사 간의 합의를 도출할 수 있었습니다.

앞서 2018년 전후로 LG에너지솔루션 직원들이 SK온으로 대거 이직했고요. 이 과정에서 이차전지 후발주자인 SK온이 자사 인력과 함께 핵심 기술을 가져갔다고 LG에너지솔루션 측이 주장하면서 시작한 분쟁이었습니다. 양사 간 분쟁이 더 장기화했을 경우 결국 웃는 건 CATL 등 해외 경쟁사였을 겁니다. 이제 우리나라 이차전지 업체들이 힘을 합쳐 전 세계 시장에서 점유율을 끌어올리는 작업에 나서야 할 때인 듯합니다.

12.
이차전지 양극재·음극재는

이차전지는 그동안 스마트폰 등 모바일에 주로 채용되다가 최근 전기자동차 배터리로 쓰이기 시작하면서 시장이 급속히 확산하는 추세입니다. 2020년 유럽연합이 제시한 '배터리 2030' 자료에 따르면 오는 2030년까지 이차전지 시장은 2.6TWh(테라와트) 규모로 커질 전망입니다. 2018년에 관련 시장 규모가 142 GWh(기가와트)였던 점을 감안할 때 12년 만에 무려 16배가 커지는 셈입니다. 이 중 전기자동차용 이차전지는 2.3 TWh에 달합니다.

이렇듯 전기자동차 수요와 함께 이차전지 시장이 빠르게 성장하면서 LG에너지솔루션과 삼성SDI, SK온 등 우리나라 기업들이 중국 CATL 등과 국내외 시장에서 치열하게 주도권 경쟁을 벌이고 있습니다. 이들 이차전지 업체뿐 아니라 이차전지에 들어가는 소재 분야에서도 우리나라 업체들이 강세를 보이는데요. 반도체와 디스플레이뿐 아니라 이차전지에서도 우리나라 업체들이 전방산업과 함께 후방산업에서 활발히 움직이는 분위기입니다. 이에 따라 이차전지 산업을 구성하는 가치사슬(밸류체인)을 살펴보도록 하겠습니다.

이차전지는 크게 △양극재 △음극재 △분리막 △전해질로 구성됩니다. 양극재에 있는 리튬이온이 분리막을 거쳐 음극재로 이동할 때 에너지가 충전되는 원리고요. 반대로 음극재에서 양극재로 리튬이온이 이동하면 방전되는 구조입니다. 분리막도 중요한 역할을 하는데요. 음극재와 양극재가 맞닿으면 폭발하는 특성이 있습니다. 매우 위험하죠. 분

이엔드디 이차전지 전구체

리막은 음극재와 양극재가 직접 닿지 않고 리튬이온만 통과할 수 있도록 합니다. 그리고 전해질은 리튬이온이 양극과 음극을 자유롭게 이동할 수 있게 해주는 매개체 역할을 하죠. 이렇듯 이차전지 관련 업체들은 에너지 저장 용량을 늘리고 안전성을 강화하는 기술을 끊임없이 개발 중입니다.

이렇게 양극재와 음극재, 분리막, 전해질을 국내에서 담당하는 업체들이 있는데요. 우선 양극재는 에코프로비엠과 엘앤에프, 코스모신소재 등이, 음극재는 대주전자재료와 한솔케미칼 등이 생산합니다. 특히 에코프로비엠은 SK온에 10조 원 규모로 양극재를 공급하기로 계약을 체결하며 주식시장에서 큰 주목을 받기도 했습니다. 분리막은 SK아이이테크놀로지와 대한유화 등이, 전해질은 후성과 솔브레인, 천보, 동화일렉트로라이트(동화기업 자회사) 등이 담당합니다.

특히 포스코케미칼은 음극재와 함께 양극재까지 모두 생산하면서 주목을 받습니다. 포스코그룹 계열사인 포스코케미칼은 오는 2030년까지 양극재 40만 톤과 함께 음극재 26만 톤을 생산할 수 있는 체제를 갖춘다는 목표를 세웠습니다. 음극재 사업은 2010년 LS엠트론으로부터 음극재 사업조직인 카보닉스를 인수하면서 시작했습니다. 업계 후발주자임에도 불구하고 현재 음극재(흑연계) 분야에서 업계 1위 자리에 올라 있습니다.

포스코케미칼은 2012년 포스코 ESM이 출범하면서 양극재 사업에 착수했고요. 출발 당시에는 휘닉스소재와 합작한 형태였지만, 2016년 포스코가 경영권을 확보하고 포스코케미칼과 합병하면서 현재 독자적으로 사업을 운영 중입니다. 포스코케미칼은 2021년 8월 양극재를 추가로 생산하기 위해 중국에 총 2,810억 원을 투자한다고 발표했습니다. 이는 포스코그룹과 화유코발트가 운영 중인 합작법인을 증설하는 방식입니다.

일진그룹 계열사인 일진머티리얼즈는 음극재 소재인 동박(일렉포일) 분야에서 주목을 받습니다.

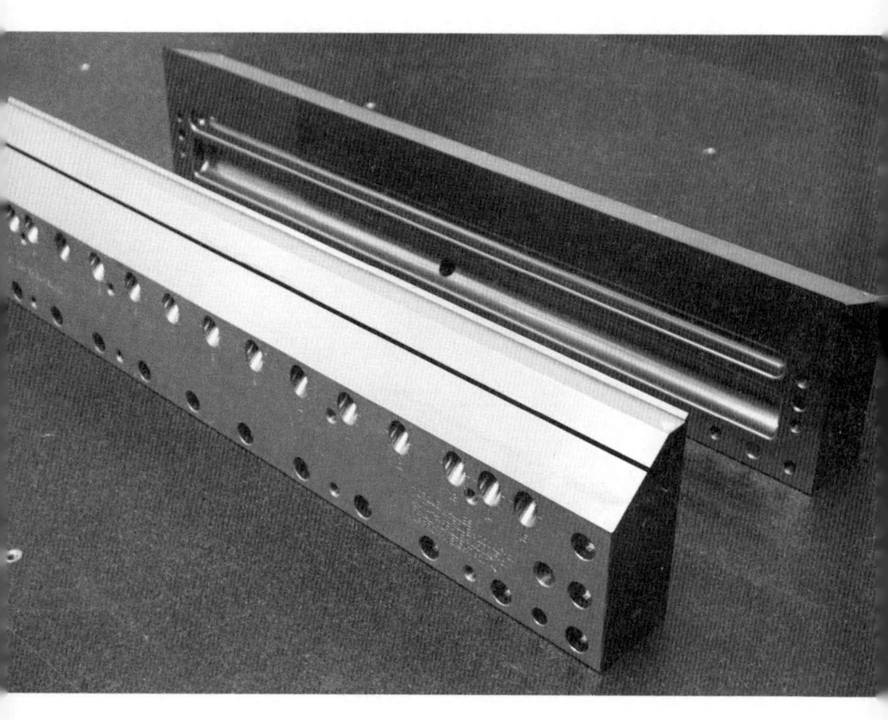

지아이텍 이차전지 슬롯다이

동박은 황산구리 용액을 전기로 분해한 뒤 머리카락 두께 100분의 1 수준인 10㎛(마이크로미터) 이하로 만든 얇은 구리 박을 말합니다. 일진머티리얼즈는 2019년 준공한 말레이시아 사라왁주 쿠칭 사마자야 자유무역지구 공장에서 연간 2만t(톤) 규모로 동박을 생산 중입니다. 2021년 말까지 4만t, 중장기적으로는 10만t까지 동박 생산량을 늘린다는 방침입니다.

이엔드디는 앞서 언급한 기업들에 비해 '숨은 이차전지 주'라고 볼 수 있습니다. 이엔드디는 2021년 9월 벨기에에 본사를 둔 유미코아와 이차전지 전구체 공급을 포함해 양사 간의 전략적 협력을 위한 양해각서를 체결하면서 관심을 모았는데요. 주목할 점은 이엔드디가 협력하기로 한 유미코아가 이차전지 양극재 분야에서 전 세계 시장 점유율 1위에 올라 있다는 것입니다. 이엔드디는 이번 협약 체결을 통해 이차전지 양극재 소재인 전구체를 유미코아에 안정적으로 공급할 계획입니다.

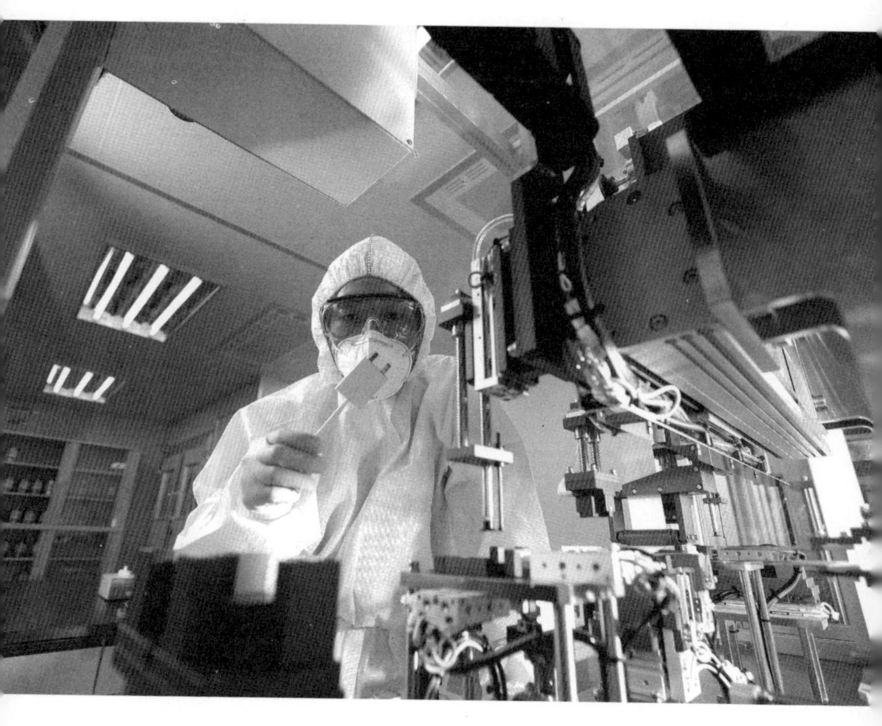

포스코케미칼 연구소

이를 위해 이엔드디는 충북 오창에 있는 전구체 생산설비를 청주 공장으로 이전했습니다. 여기에 추가적인 전구체 설비 도입을 위해 2021년 3월 150억 원을 투자하기로 결정했습니다. 이를 통해 2022년 초 청주에 연간 5,000t 이상 전구체를 생산할 수 있는 체제를 갖출 계획입니다. 이는 현재 생산량인 1,000t과 비교해 5배가량 늘어난 규모입니다.

버려진 이차전지에서 니켈과 코발트 등 원재료를 다시 생산해내는 폐배터리 리사이클(재활용) 사업도 주목을 받습니다. 이는 최근 전 세계 기업들 사이에서 화두인 ESG(환경 · 사회 · 지배구조)와도 그 흐름을 함께 하는데요. 폐배터리 리사이클 업체로는 코스모화학, 에코프로씨엔지 등이 있습니다. 코스모화학은 오는 2022년 9월 폐배터리 리사이클 공장 완공을 통해 연간 니켈 4,000t, 코발트 2,000t을 생산할 계획입니다. 에코프로씨엔지는 현재 경북 포항 영일만 산단에 폐배터리 리사이클 공장을 짓고 있습니다.

이차전지를 만드는 데 쓰이는 장비는 씨아이에스와 나인테크 등이 생산하고 있습니다. 신성이엔지는 반도체 클린룸 장비뿐 아니라 이차전지 드라이룸 장비 분야에서도 강세를 보입니다. 이차전지 부품은 지아이텍이 주목을 받습니다. 지아이텍은 이차전지 코팅 공정 필수 장치인 슬롯다이에 주력합니다.

13.
스스로 빛나는 OLED

한동안 차세대 디스플레이로 불린, 그리고 이제는 '대세' 디스플레이가 된 OLED에 대해 말씀드리겠습니다. '올레드'로도 불리는 OLED는 우리말로 '유기발광다이오드'라고 합니다. 이를 풀어서 말씀드리면 유기물을 이용해 스스로 빛을 내는 다이오드라는 뜻입니다. '스스로 빛을 낸다'는 의미, 잘 와닿지 않으실 텐데요. 이는 또 다른 디스플레이인 LCD(액정표시장치)와 비교해보면 쉽게 알 수 있습니다.

OLED를 이해하기 위해서는 먼저 디스플레이 변천사를 알아야 합니다. 디스플레이는 사실상 TV 역사와 함께 해왔다고 볼 수 있습니다. TV의 출발은 '브라운관'입니다. 우리나라는 과거 일본 등으로부터 브라운관 TV를 수입해야 했습니다. 다행히 금성사, 현재 LG전자가 1966년 48㎝(19인치) 브라운관 TV를 생산하면서 처음 국산화했습니다. 당시 브라운관 TV는 흑백이었는데요. 컬러 브라운관 TV는 금성사보다 삼성전자가 1976년에 앞서 출시했습니다. 금성사 역시 이듬해 컬러 브라운관 TV를 출시하면서 국내에서 컬러 TV 시대가 활짝 열렸습니다. 이후 컬러 브라운관 TV는 1990년대 말까지 이어졌죠.

다만 브라운관 TV는 화질이 좋지만, 부피가 크고 무게도 많이 나갔습니다. 특히 우리가 영상을 보는 앞부분이 볼록하게 튀어나왔는데요. 이런 이유로 브라운관 TV를 '배불뚝이 TV'라고도 불렀습니다. 이러한 브라운관이 사라진 것은 2000년대 초

FPD(평판디스플레이)가 나오면서부터입니다. FPD는 말 그대로 무겁고 볼록한 디스플레이가 아닌, 가볍고 평평한 디스플레이입니다. 브라운관과 비교해 크기 역시 크게 구현할 수 있습니다. 결국 브라운관은 FPD에 밀려 2015년에 전 세계적으로 완전히 단종 됐죠.

이렇듯 가볍고 평평하다는 강점을 앞세워 디스플레이 시장에서 브라운관을 밀어낸 FPD는 크게 LCD, PDP(플라스마 디스플레이 패널)로 나뉘어 오랜 기간 경쟁했습니다. PDP는 삼성 SDI와 일본 파나소닉 등이 강세를 보였습니다. 하지만 삼성디스플레이와 LG디스플레이, 중국 BOE 등 국내외 유수 디스플레이 업체들이 LCD를 생산하면서 PDP가 글로벌 디스플레이 표준 경쟁에서 밀리게 됐죠. 그 결과 현재 PDP는 사실상 사라지고 LCD가 주력 디스플레이로 자리를 잡았습니다. LCD가 나온 이후 디스플레이 시장에서 또 한 가지 변화가 있었죠. 스마트폰과 태블릿 PC 등 모바일 시장이 열렸다는 점인

LG디스플레이 OLED 제품

데요. LCD는 가볍고 평평하다는 강점을 앞세워 TV 뿐 아니라 다양한 모바일에 디스플레이로 활발히 채택됐습니다.

다만 LCD는 이상적인 디스플레이가 되기엔 두 가지 단점이 있습니다. 우선 LCD가 빛을 내려면 패널 뒤 모듈 부분에 BLU(백라이트유닛)라고 불리는 광원장치가 필요합니다. 뒤에서 앞을 향해 빛을 쏴줘야 하는데요. 결국 LCD는 광원장치로 인해 두께를 줄이는 데 한계가 있죠. 이러한 단점을 해소하기 위해 광원을 형광등에서 LED(발광다이오드)로 바꾸고, 뒷부분이 아닌 모서리 부분에 장착하는 등 노력이 이어지는 상황입니다.

또 한 가지 단점은 휘어지지 않는다는 것입니다. 이는 광원장치가 별도로 붙기 때문도 있지만, 더 큰 이유가 LCD 기판을 유리로 만들기 때문입니다. LCD가 과거 브라운관과 비교해 편리하다는 이유로 20년 정도 전 세계 디스플레이 시장을 장악해왔지만, 늘 이러한 단점이 아쉬움으로 남았죠. 이런 상황에서 OLED가 등장합니다.

OLED는 LCD 단점을 개선하며 빠르게 성장하고 있습니다. OLED는 유기물을 입히는 방식으로 자체적으로 빛을 낼 수 있습니다. 별도로 광원 장치가 필요하지 않은 것이죠. 이로 인해 LCD보다 더 얇고 가볍게 구현할 수 있습니다. 특히 유리뿐 아니라 플라스틱을 기판으로 활용할 수 있습니다. 플라스틱 기판일 경우 휘어질 수 있는, 이른바 '플렉서블' 디스플레이가 가능한 것이죠. 이러한 강점을 앞세워 OLED 시장은 빠르게 성장하고 있습니다. 시장조사기관 옴디아에 따르면 2021년 전 세계 OLED 시장은 전년보다 28% 증가한 380억 달러(약 42조 원)에 달할 전망입니다. 특히 삼성전자 '갤럭시Z 폴드 3' 등 최근 대세로 떠오르는 폴더블 폰은 접어야 하는 특성상 반드시 OLED를 채용해야 합니다.

다행히 OLED 시장은 우리나라 업체들이 장악하고 있습니다. 시장조사기관 옴디아에 따르면 삼성디스플레이는 2021년 1분기 OLED 시장(중소형

LG디스플레이 중국 광저우 OLED공장 전경

기준)에서 점유율 80.2%로 1위 자리를 이어갔습니다. 이어 LG디스플레이와 중국 BOE가 각각 8.8%와 5.8%의 점유율을 보였습니다. 우리나라 업체들이 전 세계 OLED 시장에서 나란히 1위와 2위에 올라 있는 상황입니다.

다만 OLED도 단점은 있습니다. OLED 유기물이 수분과 산소에 취약하다는 점입니다. 이로 인해 OLED에 유기물을 입힌 뒤 수분과 산소 등과 닿지 않기 위해 별도로 봉지를 증착하는 '인캡슐레이션' 과정을 거쳐야 합니다. 하지만 이러한 과정을 통해서도 완전히 수분과 산소를 막기는 어려운 상황이죠. 이로 인해 OLED는 LCD에 비해 수명이 짧고요. 이런 이유로 현재까지 스마트폰과 태블릿 PC 등 생애주기(라이프사이클)가 짧은 모바일 위주로 채용이 활발한 상황입니다. TV는 여전히 LCD가 주류를 이루고 있죠.

하지만 OLED 역시 수명을 늘리는 기술이 계속 진화하고 있습니다. 이런 이유로 OLED TV 시

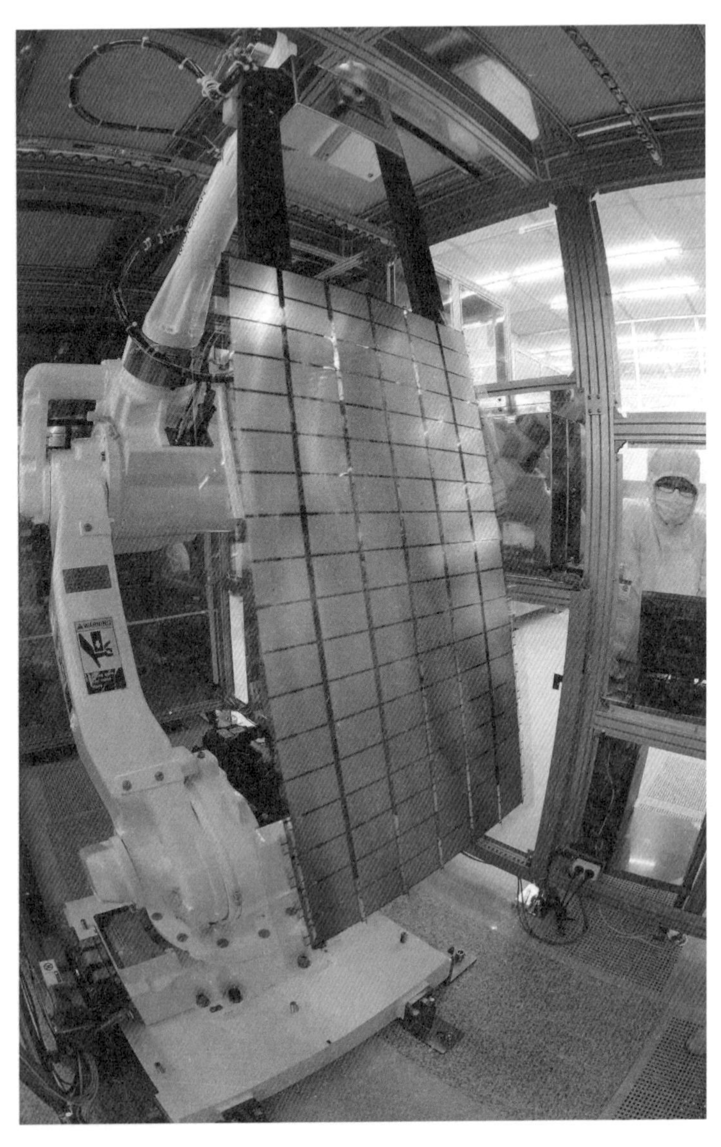

삼성디스플레이 OLED 공장 내부

장 역시 최근 빠르게 성장하는 추세입니다. 옴디아에 따르면 2021년 OLED TV 출하량이 830만대로 전년 450만 대보다 86%나 늘어날 전망입니다. 업계에서도 TV 시장에서 LCD를 밀어내기 위한 노력을 기울이는데요. 이를 위해 LG전자의 경우 OLED 휘어지는 특성을 활용해 평소에는 둘둘 말아놓고 필요할 때 펼칠 수 있는 '롤러블 TV'를 출시하기도 했습니다. 삼성전자는 수명 등에 있어 대형화에 유리한 QD(퀀텀닷) 디스플레이 TV 시장 확대에 열을 올리고 있습니다.

14.
OLED 만드는 장비는

이젠 '대세' 디스플레이가 된 'OLED'(유기발광 다이오드) 생산에 관여하는 장비에 대해 언급하겠습니다. OLED를 비롯한 디스플레이는 반도체, 자동차와 함께 우리나라 주력 수출 상품 중 하나입니다. 수년 전 LCD(액정 표시장치) 1위 자리를 중국에 넘겨주면서 아쉬움이 있었는데요. 다행히 LCD 뒤를 잇는 디스플레이 OLED 분야에선 여전히 우리나라가 전 세계 시장에서 1위 자리를 이어가고 있습니다. 이는 후방에서 적극적으로 지원하는 OLED 장비기업들이 있었기에 가능했다는 평가도 나옵니다. 아울러 OLED 장비기업들은 코스닥 등 주식시장에 대거 상장돼 있어 주식투자자들 사이에서도 관심이 쏠리는 상황입니다.

OLED 장비기업들을 알기 이전에 OLED를 제조하는 과정을 알아야 합니다. OLED는 반도체를 만드는 과정과 매우 유사합니다. 우선 유리 혹은 플라스틱 기판(마더글라스)을 투입한 뒤 그 위에 금속 혹은 비금속 가스를 입히는 증착공정을 수행합니다. 이렇게 가스가 입혀진 기판 위에 회로선폭을 형성하기 위한 노광공정을 거칩니다. 이는 카메라로 찍은 뒤 어두운 곳에서 필름에 빛을 가해 현상하는 과정과 매우 유사합니다. 이후 기판 위에 형성된 회로선폭에 따라 필요한 부분을 깎아내는 식각공정이 진행되고요. 이렇게 깎아내고 먼지(파티클)가 남은 것을 말끔히 씻어내는 세정공정을 거칩니다. 이후 회로선폭이 잘 만들어졌는지 여부를 정밀하게 살펴보는 측정공정이 있습니다.

디엠에스 중국 웨이하이 공장 전경

이렇게 증착과 노광, 식각, 세정, 측정 등 과정은 한 번이 아닌, 필요에 따라 수십 번 반복하게 됩니다. 이후 TV와 스마트폰, 태블릿 PC 등 용도에 맞게 기판을 정밀하게 자르는 공정을 거친 뒤 디스플레이구동칩(DDI) 등 필요한 부품을 장착하는 모듈 공정을 거쳐 하나의 OLED가 완성됩니다. 이렇게 OLED가 완성하기까지 한 달 보름 정도 시간이 걸립니다. 이러한 과정은 OLED와 LCD가 동일합니다.

다만 OLED는 LCD와 달리 유기물을 증착하는 과정과 함께 유기물을 보호하기 위한 봉지 증착 과정 등이 추가됩니다. OLED가 스스로 빛을 내기 위해선 기판 위에 유기물을 입히는 공정이 필수입니다. 이는 유기증착, '이베포레이션' 공정이라고 합니다. 이후 수분과 산소 등 외부 요인으로부터 유기물을 보호하기 위해 막을 입히는 봉지 증착, '인캡슐레이션' 공정을 거칩니다.

이러한 OLED 공정에는 반드시 장비가 들어가

기능을 해야 합니다. 우선 주성엔지니어링은 산화막(옥사이드) 증착장비와 함께 봉지 증착(인캡슐레이션) 장비에 주력합니다. 앞서 주성엔지니어링이 반도체 원자층 증착장비(ALD)를 업계 최초로 출시한, 반도체 증착장비 분야에서도 강자라고 언급하기도 했습니다.

디엠에스는 화학약품을 이용해 OLED 기판 위에서 세정(클리너)과 현상(디벨로퍼), 박리(스트리퍼) 등을 수행하는 습식 공정장비에 강점이 있습니다. 특히 디엠에스는 중국(웨이하이)에 공장을 두고 있으며, 이를 통해 중국 현지 근접 공급과 함께 장비 가격경쟁력을 강화하는 효과를 톡톡히 보고 있습니다. 인베니아는 기판 위에 불필요한 부분을 깎아내는 건식 식각장비(드라이에처)를 생산합니다.

OLED 역시 반도체와 마찬가지로 '클린룸'이 필요합니다. 클린룸은 먼지 하나 없는 청정공간을 의미합니다. OLED와 반도체 모두 먼지가 단 하나라도 있으면 곧바로 불량품이 되기 때문입니다. 이

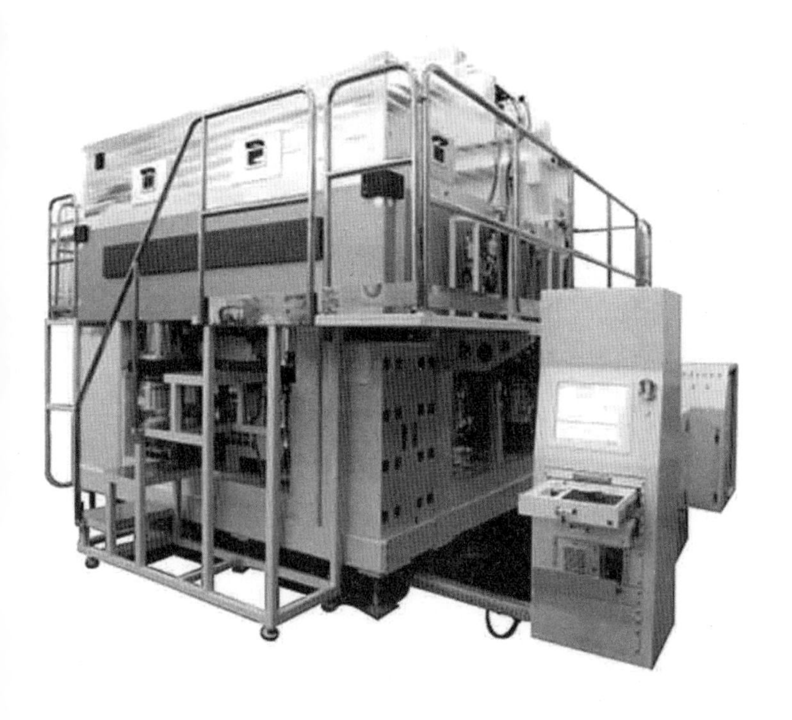

인베니아 식각장비

를 위해서는 OLED 공장 안에서 먼지를 빨아들인 뒤 청정공기를 넣는 산업용 공기청정기가 필요한데요. '팬필터유닛'(FFU)이라고 불리는 이 제품은 신성이엔지가 강세를 보입니다. OLED 공장 안에서 기판을 이송 · 분류하는 공정 자동화(FA) 장비는 에스에프에이, 로체시스템즈 등이 두각을 보입니다.

탑엔지니어링은 봉지 증착 공정에 쓰이는 적하 장비(디스펜서)를 비롯해 기판을 절단하는 장비(글라스 커터) 등을 생산합니다. 에스엔유프리시젼과 동아엘텍 등은 OLED 이상 유무를 검사하는 장비(테스터), 비아트론은 열처리장비(퍼니스)에 주력합니다. AP시스템은 엑시머 레이저 어닐링(ELA) 장비를 비롯해 레이저 리프트 오프(LLO) 장비 등 OLED 레이저 장비 분야에서 강세를 보입니다.

OLED 장비는 반도체 장비와 달리 국산화가 이미 활발히 이뤄진 분야입니다. 앞서 언급한 데로 반도체 장비 국산화는 20% 수준에 머물러 있습니다. 반면 OLED 장비 국산화는 70% 정도입니다.

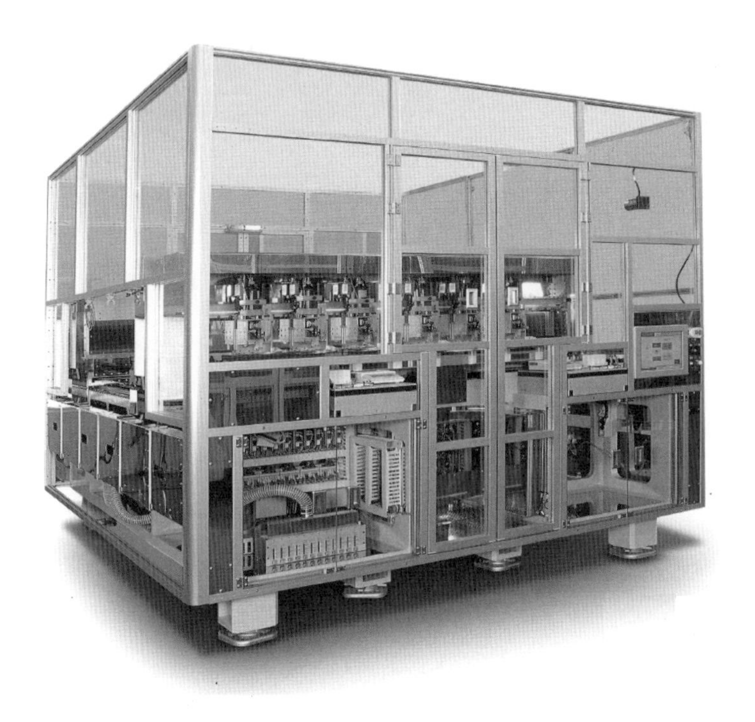

탑엔지니어링 디스펜서 장비

OLED 장비기업들은 삼성 디스플레이와 LG 디스플레이 등 전 세계 OLED 시장을 장악한 한국 업체들에 공급한 평판(레퍼런스)을 앞세워 BOE와 차이나스타(CSOT), 티엔마 등 OLED 분야에 후발주자로 뛰어든 중국 업체에도 납품하면서 실적을 키워가고 있습니다.

업계에서는 2021년 '슈퍼사이클'(초호황)을 맞은 반도체에 이어 OLED가 2022년쯤 '빅사이클'을 형성할 것이라는 추측이 나옵니다. 이에 따라 OLED 장비 시장 역시 커질 것으로 전망됩니다. 시장조사기관 옴디아에 따르면 2021년 OLED 장비 매출은 전년보다 32% 감소한 47억 5,900만 달러(약 5조 4,000억 원)로 전망됩니다. 반면 2022년에는 전년보다 무려 76% 상승한 83억 7,600만달러(약 9조 5,000억 원)로 예상했습니다. 2021년에 반도체 장비를 주목해야 한다면, 2022년에는 OLED 장비가 주목받을 가능성이 높습니다.

하지만 여전히 아쉬운 대목이 있습니다. OLED

핵심 장비는 여전히 외산에 의존하고 있기 때문입니다. 반도체와 마찬가지로 OLED 노광공정 장비는 전량 수입해야 합니다. 이 분야에선 일본 니콘과 캐논 등이 과점합니다. 유기물을 증착하는 이베포레이션 장비 역시 토키와 울박 등 일본 업체들이 강합니다. 이베포레이션 장비는 에스에프에이, 에스엔유프리시젼이 일부 국산화했으나, 현재까지 양산 라인에 활발히 채용되지는 못하고 있습니다. 정부가 반도체뿐 아니라 OLED 장비 국산화에도 관심을 둬야 할 대목입니다.

15.
스마트폰의 완성 '카메라 모듈'

삼성전자 '갤럭시', 애플 '아이폰' 등 스마트폰 광고를 보면 영상 기능을 강조하는 경우가 많습니다. 이를테면 1억 800만 화소라던가 초광각, 망원 등 일반인이 들으면 다소 전문적일 수 있는 용어들이 등장합니다. 최근에는 3D(3차원)와 가상현실(VR), 증강현실(AR) 등을 내세우기도 하는데요. 이렇듯 최근 스마트폰에 있어 가장 핵심을 이루는 영상 기능, 그리고 이를 구현해주는 카메라 모듈에 대해 알아보겠습니다.

카메라 모듈을 알아보기에 앞서 간단히 휴대폰 변천사를 언급해보겠습니다. '애니콜' '걸리버' 기억하시는지요? 1990년대 말 휴대폰이 처음 국내에 등장하면서 삼성전자는 애니콜, 현대전자는 걸리버라는 브랜드로 판매했는데요. 애니콜은 언제 어디서든 통화가 된다는 의미, 걸리버는 걸면 무조건 걸린다는 의미를 담고 있습니다. 이름에서 느껴지듯이 당시 휴대폰 화두는 통화품질이었습니다.

하지만 이후 통화품질이 기본적으로 보장되면서 휴대폰 업체들이 차별화를 위해 휴대폰에 다양한 엔터테인먼트 기능을 추가하기 시작했습니다. 이를테면 휴대폰 옆에 작은 카메라를 장착해서 촬영이 가능하게 하거나, 일부 아케이드 게임 기능을 넣기도 했죠. 인터넷 검색도 어느 정도 할 수 있었습니다.

이러한 흐름이 이어지는 상황 속에서 획기적인 휴대폰이 등장합니다. 지금은 고인이 된 애플 창업자 스티브 잡스가 2007년에 선보인 아이폰이 그것

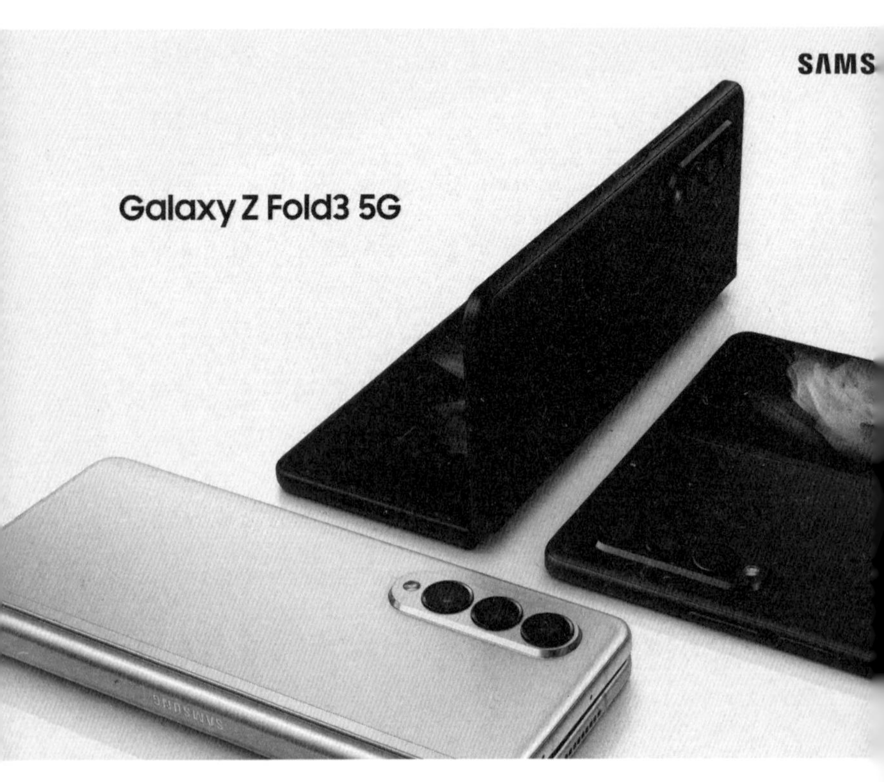

삼성 '갤럭시Z 폴드3'

입니다. 아이폰으로 시작한 스마트폰은 그동안 버튼으로 입력하던 방식에서 벗어나 터치로 모든 기능을 수행할 수 있었죠. 버튼이 차지하는 영역이 없어지면서 디스플레이가 커지고, 게임 역시 훨씬 수월하게 할 수 있었죠. 인터넷 검색도 빨라졌습니다.

나아가 스마트폰에 들어가 두뇌 역할을 하는 반도체인 '애플리케이션 프로세서'가 나날이 진화하면서 현재 쇼핑, 뱅킹도 스마트폰으로 할 수 있는 시대가 열렸습니다. 애플 아이폰이 소프트웨어에서 강점을 보였다면, 삼성전자는 OLED(유기발광다이오드)와 애플리케이션 프로세서 등 하드웨어 부품을 자체적으로 생산할 수 있다는 강점을 앞세워 갤럭시 시리즈를 단숨에 글로벌 1위 스마트폰 브랜드로 만들어냈죠. 삼성전자는 현재도 애플과 전 세계 스마트폰 시장에서 선두 자리를 놓고 치열하게 경쟁을 벌이고 있습니다. 여기에 중국 샤오미, 오포 등이 빠르게 추격하는 양상이죠.

하지만 이렇게 10년 이상 진화하고 또 진화하

던 스마트폰 역시 최근 차별화하는 데 한계에 도달한 상황입니다. 인터넷도 게임도 쇼핑도 뱅킹도 이제 고가 스마트폰뿐 아니라 중저가 스마트폰으로도 가능해졌기 때문입니다. 결국 스마트폰 업체들이 최근 들어 차별화로 강조하는 기능이 바로 '영상'입니다. 그리고 영상 기능을 구현하는 부품이 카메라 모듈이죠.

카메라 모듈은 초기에 스마트폰에 한 개만 들어갔습니다. 하지만 이후 영상통화 기능이 추가되면서 메인이 되는 후면 카메라에 이어 디스플레이가 있는 앞부분에도 영상통화를 위한 전면 카메라가 달리기 시작합니다. 전면 카메라는 셀프사진을 찍는다는 의미로 '셀피 카메라'라고 불리기도 하는데요. 이렇게 2개가 기본인 스마트폰 카메라 모듈 분야에 2019년 새로운 바람이 불어옵니다.

애플이 출시한 '아이폰 11'은 이전과 다른 형태였습니다. 스마트폰 뒷면에 이전보다 커진 카메라가 무려 3개나 달린 것이죠. 당시만 해도 스마트폰에 들어가는 카메라는 계속 작아지는 추세였는데요. 애플이 뜬금없이 커다랗기도 하고 겉으로 불쑥 튀어나온 카메라를 장착하면서 비아냥거리는 말들도 많았습니다. 이를테면 카메라 3개가 달린 모양이 마치 주방에 있는 인덕션 같다고 해서 '인덕션 폰'이라고 부르기도 했습니다. 하지만 아이폰 11 후면에 달린 3개 카메라로 사진을 찍어본 이들은 인덕션이라고 비아냥거릴 수 없었죠. 마치 DSLR 카메라로 촬영한 수준의 영상 품질을 보여줬기 때문입니다.

이들 3개 카메라는 가장 기본이 되는 광각 카메라와 일반적으로 보는 시야보다 훨씬 더 넓은 영역을 촬영하는 초광각 카메라, 그리고 멀리 있는 사물을 가깝게 볼 수 있도록 줌인 기능을 지원하는 망원 카메라로 구성됐습니다. 이들 3개 카메라를 각각 활용할 수도 있고, 또 동시에 사용하기도 하면서 스마트폰을 사용하는 재미를 더해줬죠. 이렇게 되면 영상통화를 위한 전면 카메라 1개에 후면 카메라 3개를 더해 카메라가 총 4개로 늘어나게 됩니다.

엠씨넥스 베트남 공장 전경

삼성전자 역시 하드웨어적인 강점을 앞세워 아이폰보다 세련되게 카메라 모듈을 장착하면서 멀티 카메라 경쟁은 한층 가열됩니다. 삼성전자는 여기에 3D와 가상현실, 증강현실 등 영상을 입체적으로 구현하는 '뎁스비전' 카메라까지 더하게 되죠. 이렇게 되면 스마트폰에 들어가는 카메라는 총 5개까지 늘어납니다.

이렇듯 2019년에서 2020년 사이 삼성전자와 애플 등 전 세계 스마트폰 업체들이 카메라 모듈 수를 크게 늘린 스마트폰 모델들을 잇달아 출시하면서 카메라 모듈 업체들이 수혜를 보기에 이르렀습니다. 실제로 2019년 당시 카메라 모듈 업체들의 매출액이 '꿈의 1조 원'을 달성하는 경우가 많았습니다.

파워로직스와 엠씨넥스 등이 대표적인 사례입니다. 파워로직스는 2019년 당시 매출액이 전년 7,539억 원보다 47% 늘어난 1조 1,079억 원이었습니다. 이 회사가 1조 원 이상 매출액을 기록한 것은 당시가 처음이었죠. 엠씨넥스 역시 같은 기간 매출

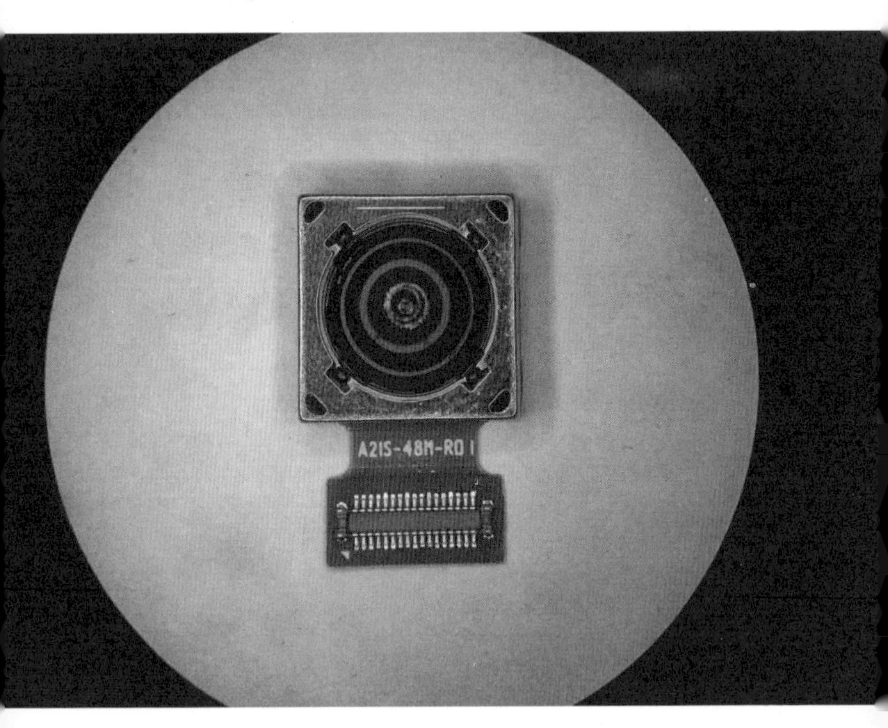

파워로직스 카메라 모듈

액이 6,970억 원에서 1조 2,677억 원으로 82% 증가하며 '1조 클럽'에 가입했습니다.

같은 해에 파트론과 캠시스 역시 기록적인 실적을 냈는데요. 파워로직스와 엠씨넥스, 파트론, 캠시스 등은 삼성전자 갤럭시 시리즈에 카메라 모듈 등 전자 부품을 공급한다는 공통점이 있습니다. 삼성전자는 통상 '갤럭시 S' 등 플래그십(전략) 모델에는 계열사인 삼성전기 카메라 모듈을, 그리고 '갤럭시 A' 등 보급형 모델에는 파워로직스와 엠씨넥스 등 협력사 카메라 모듈을 장착합니다. 하지만 최근에는 이 공식도 깨지고 플래그십 모델에 협력사 제품을 채용하는 사례도 이어집니다.

앞으로 스마트폰에 들어가는 카메라 모듈 수가 더 늘어날 수 있다는 전망도 나옵니다. 이유는 폴더블 폰에 있습니다. 삼성전자 '갤럭시 Z 플립 3'을 비롯한 폴더블 폰은 접었을 때도 사진을 찍고, 폈을 때도 사진을 찍을 수 있도록 카메라가 추가로 1~2개 더 필요합니다. 스마트폰에서 나아가 머지않아 상용화하게 될 자율주행차에도 카메라 모듈이 활발히 탑재될 전망입니다. 실제로 엠씨넥스는 이미 전체 매출액 중 20%가량을 자동차용 카메라 모듈에서 거둬들이는데요. 향후 카메라 모듈 업체들의 움직임을 주목해야 하는 이유입니다.

16.

자동차로 갈아타는 전자 부품

지난 2007년 애플이 '아이폰'을 출시하면서 시작한 스마트폰. 하지만 어느덧 성장기를 지나 성숙기에 접어들면서 스마트폰 시장이 정체를 보이는데요. 이에 스마트폰 부품에 주력해온 업체들이 새로운 먹거리로 자동차 부품, 특히 머지않아 열리게 될 자율주행차 부품 시장을 주목하는 분위기입니다.

우선 스마트폰에 들어가는 부품에 대해 알아보겠습니다. 전자 부품 업체들 상당수가 상장사라는 점에 주목해야겠습니다. 우선 앞서 언급한 카메라 모듈입니다. 카메라 모듈은 스마트폰 후면에 촬영을 위한 메인 카메라와 함께 영상통화를 위한 앞면 카메라 등 2개가 기본인데요. 여기에 최근 초광각, 망원, 뎁스비젼 등 영상 기능이 강화하는 추세에 따라 4~6개 카메라 모듈을 적용하는 추세입니다.

카메라 모듈은 파워로직스와 엠씨넥스, 파트론, 캠시스 등이 두각을 보입니다. 이들 업체는 매출액 1조 원 이상을 올리면서 어느 정도 '규모의 경제'를 이뤘습니다. 카메라 모듈 안에는 렌즈와 함께 액추에이터, 이미지센서 등 부품이 들어가는데요. 손떨림 방지와 줌 등 광학 기능을 담당하는 액추에이터는 액트로, 아이엠 등이 생산합니다. 반도체 일종인 이미지센서는 삼성전자와 함께 일본 소니가 전 세계 시장을 주도합니다.

스마트폰을 열어보면 맨 처음 초록색(혹은 파란색) 기판이 눈에 들어옵니다. 이는 인쇄회로기판(PCB)이라고 합니다. 스마트폰은 인쇄회로기판 위에 다양한 부품을 장착한 뒤 케이스를 씌운 형태입니다. 그래서 인쇄회로기판은 스마트폰에 들어가는 부품 중 가장 크죠. 인쇄회로기판은 대덕전자와 코리아써키트, 심텍 등이 담당합니다. 인쇄회로기판 중 휘어지는 특성이 있는 기판은 별도로 연성회로기판(FPCB)이라고 하는데요. 이는 인터플렉스와 비에이치 등이 강세를 보입니다.

인쇄회로기판 위에 장착하는 부품 중 하나로 '애플리케이션 프로세서'가 있습니다. 애플리케이션 프로세서는 스마트폰에서 두뇌 역할을 하는 반도체입니다. 애플리케이션 프로세서는 삼성전자와 미국 퀄컴 등 반도체 대기업들이 장악합니다. 인쇄회로기판에는 애플리케이션 프로세서 외에도 D램과 낸드플래시 등 메모리 반도체도 장착하는데요. 이 역시 삼성전자와 SK하이닉스 등 대기업이 강세를 보이는 가운데, 제주반도체와 피델릭스 등 일부 팹리스(반도체 설계) 업체들이 참여합니다. 아울러 안테나, 수정발진기, 마이크로폰 등을 장착하는데요. 이 분야에선 파트론이 두각을 보입니다. 파트론은 앞서

엠씨넥스 카메라 모듈

언급한 대로 카메라 모듈 분야에서도 강세를 보이죠.

스마트폰에 전력을 공급하는 역할을 하는 이차전지(배터리)는 LG에너지솔루션, 삼성SDI, SK온 등이 주도합니다. 이차전지 안에 들어가 전류가 과도하게 흐르는 것을 방지하는 보호회로는 파워로직스와 아이티엠반도체, 넥스콘테크놀로지 등이 담당합니다. 볼륨을 조절하는 볼륨키와 전원을 켜고 끄는 파워키 등 '돔 스위치'는 시노펙스가 일본에서 전량 수입에 의존하던 제품을 국산화한 뒤 두각을 보입니다. 파인테크닉스는 폴더블 폰에 들어가는 부품인 메탈 플레이트에서 주목을 받습니다. 스마트폰 케이스는 KH바텍이 강자입니다.

이들 전자 부품 업체들은 최근 자동차, 특히 자율주행차에 관심을 보이는데요. 앞서 언급한 대로 스마트폰 시장이 이미 성숙기에 진입했기 때문에 새로운 먹거리를 찾기 위함입니다. 시장조사기관 IDC에 따르면 전 세계 스마트폰 시장은 2018

캠시스 사옥 전경

년 14억 3100만대로 정점을 찍은 뒤 2019년 14억 1,300만 대, 2020년 12억 9900만대로 하락했습니다. 2021년 13억 8,000만대로 반등할 것으로 예상됩니다만, 여전히 2018년, 2019년과 비교해 줄어든 수치입니다.

전자 부품 업체들은 이렇듯 정체한 스마트폰 시장에서 벗어나 머지않아 활짝 열리게 될 자율주행차 시장에 진입할 준비에 박차를 가하고 있습니다. 실제로 자율주행차는 내연기관차보다 더 많은 전자 부품이 쓰일 것으로 예상됩니다. 일례로 내연기관차에 200개 정도 들어가는 반도체는 전기차에 400~500개, 특히 자율주행차에는 1000~2000개 정도가 필요합니다. 내연기관차와 비교해 자율주행차에 최대 10배까지 반도체가 더 필요한 셈입니다. 카메라 모듈, 센서 등 다른 전자 부품 역시 반도체와 마찬가지로 자율주행차에 많이 쓰일 텐데요. 운전에 집중해야 하는 내연기관차와 비교해 자율주행차는 운전 대신 영상과 게임, 휴식 등 엔터테인먼트 기능이 한층 강화되기 때문입니다.

이에 따라 전자 부품 업체들을 중심으로 자율주행차 시장을 겨냥해 일찌감치 자동차 부품 분야에 뛰어드는 사례가 눈에 띕니다. 일례로 파워로직스는 2021년부터 현대자동차에 카메라 모듈을 납품하면서 자동차 분야로 처음 영역을 확대했습니다. 파워로직스는 그동안 삼성전자 '갤럭시' 시리즈에 카메라 모듈을 적용해왔습니다. 이 회사는 카메라 모듈 적용 범위를 자동차 분야로 확대하기 위해 수년 전부터 관련 연구개발을 진행해 왔고요. 그 결과, 2020년 말 현대자동차로부터 품질보증(SQ) 인증을 받은 뒤 이듬해 납품까지 이어졌습니다. 카메라 모듈은 사이드미러 없이도 측면을 볼 수 있는 '미러리스' 등 향후 자율주행차에 보다 많이 채용될 것으로 전망됩니다.

제주반도체는 2021년부터 국내 유수 자동차 전장(전자장치) 업체에 메모리 반도체를 납품하고 있습니다. 이 회사는 그동안 스마트폰을 비롯해 통신장비와 가전, 보안장치 등에 메모리 반도체를 적용해 왔습니다. 이어 자동차용 메모리 반도체 분야에 진입하기 위해 수년 전부터 관련 연구개발을 했고요. 그 결과, 2020년 한 해 동안 5개 메모리 반도체에 대한 'AEC-Q100'(자동차용 부품 신뢰성 평가 규격) 인증을 받을 수 있었습니다.

솔루에타 역시 자동차 헤드램프에 쓰이는 방열 필름을 2021년 북미 완성차 업체에 처음 공급했습니다. 그동안 스마트폰 전자파 차단 필름에 주력해 온 솔루에타는 이번 북미 수출을 통해 자동차 분야로 영역을 처음 확장했습니다. 솔루에타는 또 다른 완성차 업체를 대상으로 추가적인 납품 협의를 진행 중입니다.

아이에이는 휴대폰 반도체 업체에서 자동차 전장 업체로 변신에 성공한 사례입니다. 과거 휴대폰에 들어가 방송(DMB)을 수신하는 반도체에 주력했던 아이에이는 현대자동차그룹 부회장을 지낸 김동진 회장이 경영하면서 전력 모듈, 전력 제어기 등

현대자동차 전기차 '아이오닉5'

자동차 전장을 생산하는 업체로 탈바꿈했습니다. 이들 업체 외에도 자동차가 단순한 운송 수단에서 벗어나 하나의 커다란 전자기기로 진화하는 추세에 따라, 전자 부품 업체들이 자동차 부품 분야에 진출하는 사례는 더욱 늘어날 전망입니다.

17.
다시 떠오르는 태양광

최근 주목받는 기업 중 한 곳이 OCI입니다. OCI가 '깜짝' 실적을 올렸기 때문인데요. 이 업체는 2021년 2분기 매출액이 전년 동기보다 91.1% 늘어난 7674억원이었습니다. 같은 기간 영업이익은 1663억원이었는데요. 전년 동기 443억원 적자와 비교해 큰 폭의 흑자 전환을 일궜습니다. OCI가 '어닝서프라이즈'에 해당하는 실적을 낸 이유는 주력 사업인 폴리실리콘 가격 상승과 함께 판매가 호조를 보였기 때문입니다.

폴리실리콘은 태양광 원재료인데요. 2020년 7월 1kg(킬로그램)당 6.0달러에 불과했던 폴리실리콘은 2021년 7월 28.7달러로 1년 만에 5배 가까이 급등했습니다. 증권가에서는 OCI가 2021년 연간 4,000억 원 이상 영업이익을 올릴 것으로 예상했습니다. OCI가 태양광 원재료인 폴리실리콘에 주력한다는 점을 감안할 때 △폴리실리콘 △잉곳 △웨이퍼 △태양전지 △태양광 모듈 △태양광 발전소로 이어지는 태양광 가치사슬(밸류체인) 전반에 걸쳐 실적 개선을 예상할 수 있습니다.

우선 태양광 가치사슬에 대해 살펴보겠습니다. 앞서 OLED(유기발광다이오드) 등 디스플레이를 생산하는 과정이 반도체와 유사하다고 말씀드렸는데요. 태양광 역시 반도체와 비슷합니다. 우선 원재료인 폴리실리콘을 뭉쳐서 원기둥 모양으로 만듭니다. 이를 잉곳이라고 하고요. 잉곳을 얇게 썰어서 원판 모양의 웨이퍼를 만듭니다. 웨이퍼는 반도체에서도 가장 기본이 되는 소재이기도 합니다.

신성이엔지 본사 전경

이렇게 웨이퍼 위에 금속과 비금속 등 필요한 물질을 입히는 증착공정 등을 진행하면 태양전지가 만들어집니다. 태양전지는 빛을 받아 전기에너지로 바꾸는 역할을 합니다. 영어로는 '솔라셀'(Solar Cell)이라고 하죠. 이렇게 태양전지를 여러 개 붙인 것이 태양광 모듈이고, 여기에 인버터 등 장치들을 더해 땅이나 건물에 시공하면 태양광 발전소가 됩니다. 반도체와 비교하면 상대적으로 단순한 과정입니다.

우리나라에서 각각 가치사슬을 담당하는 업체를 살펴보면 우선 앞서 언급한 데로 폴리실리콘은 OCI가 생산합니다. 잉곳, 웨이퍼는 웅진에너지가 맡고 있는데요. 웅진에너지는 아쉽게도 오랜 태양광 시장 침체를 이기지 못하고 법정관리 중에 있습니다.

태양전지와 태양광 모듈은 한화솔루션(한화큐셀)과 현대에너지솔루션, LG전자 등 대기업이 강세를 보입니다. 신성이엔지는 연간 1GW(기가와트) 태양광 모듈을 생산하면서 중견기업으로는 드물게 이 분야에서 대기업들과 어깨를 나란히 합니다. 태양광 발전소 시공 분야에서는 대기업에서 중견, 중소기업까지 다양한 업체들이 경쟁합니다.

태양광 시장은 최근 'ESG' 흐름을 타고 급성장하는 분위기입니다. ESG는 '환경'(Environment), '사회'(Social), '지배구조'(Governance) 이 3가지를 의미하는데요. ESG는 세계 최대 자산운용사 블랙록 래리 핑크 회장이 언급하면서 우리나라를 포함한 전 세계적인 화두가 됐죠.

이런 이유로 2020년 이후 줄곧 '코로나19 팬데믹'(대유행) 영향이 이어지는 악재 속에서도 태양광 시장은 성장세가 전망됩니다. 실제로 한국 수출입은행이 발표한 '신재생에너지 산업동향'에 따르면 2021년 글로벌 태양광 설치 시장은 2020년 144GW보다 25% 늘어난 180GW 규모가 될 전망입니다. 2022년에도 200GW에 달하는 태양광 수요가 발생하면서 글로벌 태양광 시장이 성장세를 이어갈 것으로 보입니다. 국내도 예외가 아닙니다. 2021년 국

신성이엔지 직원이 태양광 모듈을 검사하고 있다

내 태양광 설치량은 전년 3.6GW보다 14% 증가한 4.1GW를 기록하면서 사상 처음 4GW를 넘어설 전망입니다.

이렇듯 빠르게 회복하는 태양광 시장 흐름에 따라 기업들 움직임도 바빠지고 있습니다. 우선 주성엔지니어링은 2021년 9월 유럽에 본사를 둔 태양전지 업체와 471억 원 규모로 태양전지 장비 공급계약을 체결했습니다. 주성엔지니어링은 앞서 한국에너지기술연구원으로부터 자체 증착장비를 활용해 태양전지를 제조한 결과, 광변환효율이 업계 최고 수준인 24.45%를 기록했다는 평가를 받기도 했습니다. 광변환효율은 빛을 받아 전기에너지로 전환하는 효율인데요. 빛을 100% 받는다면 이 중 24%를 전기로 만든다는 의미입니다. 현재 시중에서 유통하는 태양전지 광변환효율이 21% 수준인 점을 감안하면 주성엔지니어링이 받은 평가서가 어느 정도 의미가 있는지 예상할 수 있겠습니다. 주성엔지니어링은 오는 2023년까지 광변환효율을 35%까지

현대자동차 아산공장 지붕에 구축된 태양광 발전소

끌어올리기 위해 연구 · 개발(R&D)을 지속한다는 방침입니다.

신성이엔지는 태양광 모듈 공급계약이 이어지고 있습니다. 2021년 6월 한화시스템과 83억 원에 태양광 모듈을 공급하기로 계약을 체결했고요. 앞서 4월에는 호반건설과 102억 원 규모로 태양광 모듈을 납품하기로 했습니다. 신성이엔지는 1977년 설립한 이래로 반도체와 디스플레이 공장에 들어가는 클린룸 설비에 주력해왔는데요. 창립 30주년이던 2007년 신수종 사업으로 태양광을 선정한 뒤 관련 연구 · 개발과 함께 투자를 이어가고 있습니다.

유니테스트도 있습니다. 이 업체는 한국전력과 함께 창호형 태양전지 상용화를 진행 중인데요. 창호형 태양전지는 건물 벽면과 유리창 등 건물 외장에 부착하는 방식입니다. 태양광 발전소를 설치할 땅이 부족한 대신, 도심에 건물이 많은 국내에 적합한 태양광 발전기술로 주목받고 있죠. 특히 실리콘을 원재료로 하는 태양전지가 1000도(℃) 이상 고온

공정이 필요한 것과 달리, 창호형 태양전지는 200도 이하 공정을 활용해 생산비용을 낮출 수 있습니다.

이렇듯 태양광 시장은 코로나19 팬데믹 이후 더 큰 폭으로 성장할 것으로 예상되면서 관련 사업을 강화하거나 관련 분야에 진입하는 사례가 앞으로 더 늘어날 것으로 보입니다. 아울러 업계에서는 태양전지 광변환효율을 높이기 위한 연구 · 개발도 더욱 활발해질 전망입니다.

18.
기업 경영 화두 'ESG'

앞서 태양광을 언급하면서 잠시 'ESG'를 언급했는데요. 최근 국내외 산업계 최대 화두는 단연 ESG입니다. ESG는 '환경'(Environment), '사회'(Social), '지배구조'(Governance) 영문 앞글자를 딴 용어입니다. 기업이 단순히 이윤 추구에만 몰입하는 것이 아니라 임직원과 소비자, 지역 사회와 함께 환경, 감염병 등 인류 문제까지 고려해 경영활동을 해야 하는 것을 의미합니다.

좀 더 구체적으로 살펴보면 첫 번째 '환경'은 기

후변화와 자원고갈, 폐기물, 오염, 산림벌채 등 환경에 부정적 영향을 제거해 지속 가능한 지구 생태계를 유지하는 것을 말합니다. 다음으로 '사회'는 인권과 노동조건, 고용관계, 안전보건, 소비자 보호 등을 의미하고요. 끝으로 '지배구조'는 건전하고 투명하게 이사회를 운영하는 것을 말합니다.

최근 몇 년 새 전 세계 각지에서 폭염과 한파, 가뭄과 홍수 등 이상 기후가 발생하는데요. 특히 감염병인 '코로나19 팬데믹'(대유행)이 일어나면서 국내외 기업들에 있어 ESG는 더 이상 미룰 수 없는 '경영의 필수'가 된 상황입니다.

ESG가 전 세계적으로 확산하게 된 계기는 2020년 초 블랙록 래리 핑크 회장이 언급하면서부터인데요. 블랙록은 운용하는 자산이 무려 1조 8,700억 달러, 우리 돈으로 2,000조 원에 달하는 세계 최대 자산운용사입니다. 래리 핑크 회장은 당시 전 세계 각지 CEO(최고경영자)들에 보내는 연례 서한을 통해 "ESG를 투자 결정에 있어 핵심 요소로 반

락앤락 컴백 에코백

영하겠다"고 밝혔습니다.

글로벌 1위 자산운용사 회장이 이같이 밝히면서 아문디, 핌코 등 다른 글로벌 자산운용사들이 대열에 동참했습니다. 국내 자산운용사들 역시 이 분야에 높은 관심을 보이기 시작했는데요. 특히 자산 60조 원 규모를 운용하는 신한자산운용이 주식형 공모펀드 포트폴리오에서 일정 수준 이상 ESG 등급을 확보한 기업 비율 70% 이상이 되도록 관리하겠다고 밝혔습니다.

ESG 경영은 우리나라도 예외가 아닙니다. 실제로 블랙록은 삼성전자와 네이버, 카카오 등 우리나라 주요 기업들 지분을 보유하고 있기도 하죠. 기업들은 설비 투자와 함께 연구 · 개발(R&D)과 마케팅 등에 있어 외부에서 자금을 조달하는 과정이 필수입니다. 이를 위해 은행뿐 아니라 국내외 자산운용사들과의 긴밀한 관계가 필수인데요. 자산운용사들이 기업 투자를 평가하는 중요한 기준에 ESG를 넣기로 하면서 우리나라 기업들 사이에서도 ESG가

가장 큰 화두로 떠오르고 있습니다.

정부 역시 기업들이 ESG 경영을 실천할 수 있도록 금융 정책을 펼치고 있는데요. 이와 관련 금융위원회는 오는 2030년부터 모든 코스피 상장사에 ESG 정보를 반드시 공시하도록 하는 내용을 담은 '기업공시제도 종합 개선방안'을 발표했습니다. 이는 단계가 있는데요. 우선 2021년부터 2025년까지 '지속가능 경영 보고서' 공시를 자율로 하기로 했습니다. 이어 2025년부터 2030년까지는 2조 원 이상 코스피 상장사, 2030년 이후엔 전체 코스피 상장사에 공시를 의무화하기로 했습니다.

이렇듯 ESG가 일시적인 유행이 아니라 장기적인 트렌드로 자리 잡으면서 우리나라에서는 대기업을 중심으로 이사회에 ESG위원회를 설치하는 한편, ESG 전담 조직을 신설하는 등 ESG를 경영에 도입하는데 적극적인 행보를 보이고 있습니다. 실제로 2021년 전국경제인연합회가 발표한 '30대 그룹 ESG위원회 구성 · 운영 현황' 보고서에 따르면 삼

삼표 친환경 벤치

성그룹과 현대자동차그룹, SK그룹, LG그룹을 포함한 16개 그룹 51개 계열사가 ESG위원회를 설치했습니다.

대기업뿐 아니라 중견기업에서도 ESG 경영이 확산하는 분위기인데요. 몇 가지 사례를 살펴보면 우선 '우리 강산 푸르게 푸르게' 캠페인으로 유명한 유한킴벌리는 '환경경영 3.0'을 발표했습니다. 이는 2030년까지 친환경 원료를 사용하는 비중을 기저귀와 생리대는 95%, 미용티슈와 화장지는 100%까지 끌어올려 지구환경 보호에 기여한다는 내용을 담고 있습니다. 유한킴벌리는 이미 국내 국공유림에 5400만 그루 이상 나무를 심으면서 일찌감치 환경경영을 실천해온 기업인데요. 여기에 △아름다운 숲 발굴 △숲 속 학교 조성 △탄소중립의 숲 조성 △접경지역 숲 복원 프로젝트 △몽골 유한킴벌리 숲 조성 등 ESG 경영과 관련한 다양한 사업을 운영 중입니다. 진재승 유한킴벌리 사장이 산업정책연구원이 주관하는 '서울 ESG CEO 선언'에 참여하기도 했죠.

렌탈 가전 업계 1위 코웨이 역시 ESG 경영 실천에 나선 중견기업입니다. 코웨이는 2021년에 '2050년 탄소중립'을 선언했는데요. 이는 2030년까지 온실가스 배출량을 50% 감축하고, 2050년에는 100% 감축하기로 목표를 수립한 것입니다. 코웨이는 앞서 2006년 환경경영을 선포한 뒤 환경에 미치는 영향을 줄이기 위한 노력을 이어왔고요. 실제로 유구와 인천, 포천 등 3개 공장과 함께 포천 물류센터 등 총 4곳에 태양광발전 설비를 운영 중입니다. 아울러 2030년까지 폐기물 재활용률 100%, 사업장 폐기물 재자원화 100% 등 자원 재활용을 위해 노력 중입니다.

이렇게 대기업에 어느 정도 일반화하고 중견기업을 중심으로 확산 중인 ESG 경영. 하지만 여전히 영세한 중소기업은 ESG에 대한 투자 여력이 부족한 상황인데요. 실제로 중소벤처기업 연구원은 'ESG 확산이 중소기업에 미치는 영향 및 지원 방

코웨이 포천공장 태양광발전시설

향' 보고서를 통해 "중소기업은 ESG에 대한 인식과 대비가 미비한 상황"이라고 진단하기도 했습니다. 향후 ESG 경영도 어느 정도 규모를 갖춘 기업과 그렇지 못한 기업 간 양극화가 예상되는 상황입니다.

이뿐 아니라 환경과 사회, 지배구조라는 말 자체가 추상적이어서 아직 전 세계적으로 명확한 기준이 정립되지 않은 상황이기도 합니다. 이와 관련, 정부는 자칫 ESG 투자에 있어 소외될 수 있는 영세 중소기업을 위한 정책을 펴야 합니다. 아울러 ESG를 표준화하는 작업도 주도할 필요가 있어 보입니다.

19.
불황에 강한 '렌탈'

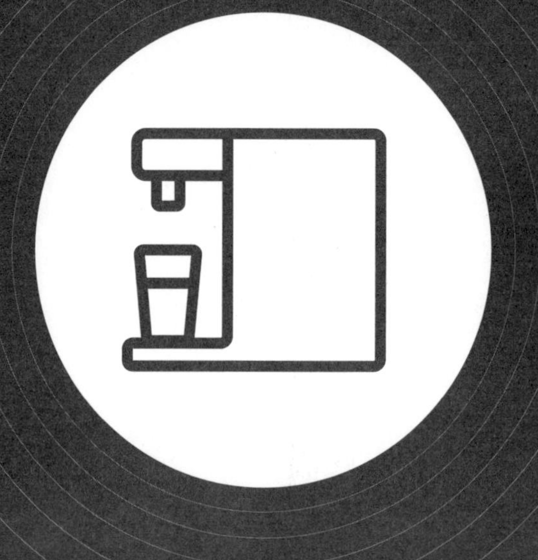

'코로나19 팬데믹'(대유행) 상황이 예상을 뛰어넘어 장기화하고 있습니다. 우리나라에선 2020년 1월에 시작해 현재까지(2021년 9월 기준) 이어지는데요. 최근 코로나19 백신이 보급되면서 2022년 중엔 어느 정도 코로나19 영향에서 벗어날 수 있을 것으로 예상됩니다.

그동안 코로나19 팬데믹은 우리 일상뿐 아니라 산업 전반에 걸쳐 적지 않은 영향을 미쳤는데요. 이로 인해 항공과 운수, 여행, 숙박 등 상당수 산업이 타격을 받았습니다. 2020년 우리나라 경제성장률은 0.9% 역성장하며 1998년 국제통화기금(IMF) 외환위기 이후 최악을 기록했습니다. 하지만 이런 어려운 상황 속에서도 승승장구한 분야가 있는데요. 바로 '렌탈'입니다. 특히 가전 렌탈 업체들은 2020년뿐 아니라 2021년 들어서도 실적 상승세를 이어가고 있습니다.

우리나라 렌탈 산업은 코웨이와 함께 해왔다고 해도 과언이 아닙니다. 현재 코웨이는 게임회사인 넷마블 자회사로 있지만, 그 시작은 웅진그룹이었습니다. 윤석금 회장이 이끄는 웅진그룹은 현재 웅진씽크빅 등 교육 중심 중견그룹인데요. 과거엔 코웨이가 웅진그룹을 대표하는 계열사였습니다. 윤석금 회장은 1989년 당시 코웨이를 설립하면서 정수기 등 가전 사업에 뛰어들었고요. 코웨이는 이후 1994년 국내 정수기 시장점유율 60%가량을 차지하면서 빠르게 성장했습니다.

그런 코웨이에 있어 IMF 외환위기는 말 그대로 '위기'이자 '기회'였습니다. IMF로 인한 불황으로 정수기 제품은 재고로 쌓여만 가던 시절이죠. 윤석금 회장은 고심하던 끝에 일시불 판매가 아닌, 매달 일정한 돈을 내고 빌려 쓰는 방식, 이른바 렌탈을 고안해냈습니다. 전략은 성공을 거뒀죠. 코웨이는 당시 1년 반 만에 정수기 약 20만 대를 렌탈 방식으로 팔았습니다. 코웨이가 이전까지 9년 동안 판매한 정수기가 약 40만 대인 점을 감안하면 이는 괄목할 만한 성과였습니다. 당시 경기가 침체한 상황에서 목돈이 들어가는 것을 꺼렸던 소비자들은 매달 소액만 내고 내 것처럼 쓸 수 있는 렌탈 방식을 선호했습니다.

코웨이는 단순히 월정액을 받고 빌려주는 방식을 넘어서 정기적으로 관리해주는 서비스까지 도입했습니다. 코웨이는 '코디', '코닥'이란 이름의 관리자가 정기적으로 집과 사무실을 방문한 뒤 정수기 필터를 바꿔주고 기기를 점검하는 등 관리 서비스

바디프랜드 안마의자 카릭스

를 시행하고 있죠. 이 방식 역시 큰 성공을 거뒀습니다. 코웨이는 정수기에 이어 공기청정기, 비데 등 다른 가전 분야로 렌탈 방식 적용을 확대해갔습니다. 이렇듯 코웨이는 IMF 불황이란 위기를, '렌탈'이란 전에 없던 방식을 도입하며 기회로 바꿀 수 있었습니다. 코웨이는 이렇듯 가전 렌탈 분야를 선점하면서 현재까지도 관련 분야 1위 자리를 이어가고 있습니다. 2020년 매출액은 전년보다 7.2% 늘어난 3조 2,374억 원이었습니다.

렌탈 시장은 빠르게 성장하고 있습니다. KT 경제경영연구소에 따르면 국내 전체 렌탈 시장은 2016년 25조 9,000억 원에서 2020년 40조 1,000억 원을 기록하면서 4년간 연평균 11.5% 성장했습니다. 특히 정수기와 공기청정기, 비데 등 가전 렌탈 시장은 같은 기간 5조 5,000억 원에서 10조 7,000억 원으로 2배 가까이 늘어났습니다.

이렇게 가전 렌탈 시장이 커지면서 SK매직, 쿠쿠홈시스, 청호나이스, 웰스, 루헨스 등 정수기와 공

웰스 공기청정기

기청정기, 비데 등 가전 분야에서 코웨이와 경쟁하는 업체들 역시 렌탈 방식을 속속 도입했습니다. 이들 가전 렌탈 후발주자 중 SK매직의 성장이 돋보입니다. SK매직은 2016년 SK네트웍스에 인수되면서 당시 동양매직에서 현재 이름이 됐습니다. 이후 'SK' 브랜드를 등에 업고 SK매직 실적은 가파른 상승세를 이어갔습니다. 특히 2020년에는 매출액이 전년 동기보다 17.1% 늘어난 1조 246억 원을 기록하면서 사상 처음 1조 원을 돌파했죠.

쿠쿠홈시스와 청호나이스, 웰스, 루헨스 역시 가전 판매에 렌탈 방식을 도입한 뒤 매년 실적 상승세를 보이고 있습니다. 안마의자 1위 업체인 바디프랜드 역시 일시불 외에 렌탈 방식을 병행 중입니다. 바디프랜드는 안마의자에 이어 정수기, 매트리스 등으로 렌탈 영역을 확대하고 있습니다.

2020년 코로나19 팬데믹이란 전대미문 상황 속에서도 가전 렌탈 업체들이 실적 상승세를 이어갔던 이유 중 하나는 역설적이게도 '불황'입니다. 이

코웨이 아이콘 정수기

는 앞서 설명한 내용, IMF 당시 코웨이가 렌탈 방식을 도입하며 성공을 거둔 사례와 유사합니다. 코로나19로 인해 경기가 위축하면서 가정마다 자금 사정이 악화했고요. 이런 상황에서 필요한 물품을 일시불이 아닌 렌탈 방식으로 쓰려는 수요가 늘어났죠.

또 다른 이유로 '집콕'을 꼽을 수 있습니다. 코로나19 팬데믹 상황에서 일도 집에서 하는 재택근무가 늘어났죠. 주말이 돼도 사람들은 집 밖을 나가지 않는 상황도 이어졌고요. 이런 이유로 사람들은 집안에서 편리하게 생활하기 위한 제품들을 적극적으로 도입했습니다. 대표적인 것이 정수기와 공기청정기, 비데 등 가전이고요. 여기에 집에서 밥을 먹는 일이 많아지면서 밥솥과 오븐, 식기세척기 수요도 늘어났습니다.

렌탈은 IMF나 코로나19 팬데믹으로 인한 불황에 '반짝' 호황을 보이는 업종이 아닙니다. 코로나19 팬데믹 상황 속에서 우리가 잠시 잊고 있던 용어가 있습니다. 바로 '공유경제'죠. '구독경제'라고도 하는데요. 특히 'MZ세대' 등 젊은 층을 중심으로 필요한 것을 소유하지 않고 빌려 쓰려는 경향이 강해지는 추세입니다. 심지어 일하는 공간도 소유하지 않고 함께 쓰는 공유 오피스가 늘어나고 있죠. 위워크, 패스트 파이브, 르호봇 등이 공유 오피스를 운영하는 업체들입니다.

이렇듯 공유경제는 전 세계 '메가트랜드'라고 해도 과언이 아니고요. 하지만 코로나19 팬데믹을 맞으면서 위생 등 이유로 다른 사람이 쓰던 것을 꺼리는 분위기가 확산하면서 공유경제가 최근 잠시 주춤한 상황입니다. 결국 코로나19 팬데믹으로부터 벗어나면 전 세계적으로 다시 공유경제가 활발히 일어나고, 공유경제에 가장 적합한 모델인 렌탈 역시 성장을 이어가게 될 것입니다.

20.
MZ세대 필수가전

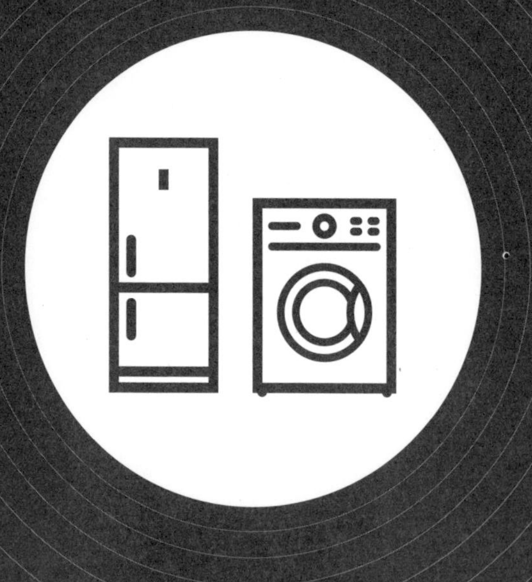

요즘 'MZ세대' 많이 들어보셨을 텐데요. 이는 1980년부터 1994년 사이에 태어난 '밀레니얼 세대'와 함께 이후 1995년부터 2004년에 태어난 'Z세대'를 합쳐 부르는 표현입니다. 통상 세대 구분은 아이가 성장한 뒤 부모 일을 계승할 때까지 걸리는 기간으로 30년 안팎을 기준으로 합니다.

하지만 아날로그에서 디지털로 시대가 바뀌고 이와 함께 세상도 과거와 다르게 빠르게 변화하면서 세대를 지칭하는 기간 역시 계속 짧아지는 추세입니다. 참고로 MZ세대에 앞서 베이비붐 이후 출생한 세대로 현재 우리 사회 주류를 형성하는 'X세대'는 1965년부터 1979년 사이 태어난 이들이죠. 당시 어디로 튈지 알 수 없다는 의미로 'X'가 붙여졌던 파격적인 세대였지만, 지금 MZ세대 입장에서는 그냥 '꼰대'로 불리는 불행한 세대이기도 하죠. 필자 역시 X세대입니다.

최근 산업계에서도 거대 '바잉파워'(Buying Power)를 가진 MZ세대를 주목하고 있습니다. MZ세대가 가진 성향에 따라 제품도 이에 맞게 만들어야 하기 때문인데요. 이와 관련, MZ세대를 주목하는 여러 산업 중 가전 분야에 맞춰, 'MZ세대 필수가전'을 다뤄보고자 합니다.

우선 MZ세대를 대표하는 용어로 '워라밸'이 있습니다. '일과 삶의 균형'을 의미하는 'Work Life Balance' 준말이죠. 워라밸을 중시하는 MZ세대에게 있어 칼퇴근은 기본입니다. X세대만 해도 상사가 퇴근한 뒤 눈치를 보고 집으로 향하는 경우가 일상이

LG전자 트롬 스타일러

었는데요. MZ세대는 칼퇴근한 뒤 자기계발을 위해 시간을 할애하거나, 아니면 집에서 여유 있게 식사를 만들어 먹는 등 자기 자신을 위한 시간을 보냅니다. 일터 역시 기업 규모와 연봉도 중요하지만, 복리후생 등 얼마나 워라밸을 잘 실천하는지가 입사의 중요한 조건이 됐죠. 이렇듯 워라밸이란 용어를 떠올려보면 MZ세대가 필요로 하는 가전 역시 유추해 볼 수 있습니다.

잠시 '라떼의 시간'을 갖겠습니다. 필자가 결혼한 해인 2008년 당시엔 TV와 냉장고, 세탁기가 3대 필수가전이었습니다. 여기에 에어컨과 김치냉장고 정도가 더해졌죠. 하지만 MZ세대에는 여기에 몇 가지가 추가될 듯합니다. 세탁건조기와 식기세척기, 의류관리기 등입니다.

우선 세탁건조기는 오랜 기간 틈새시장에 머물렀습니다. 지난 2015년 만 해도 국내에서 연간 5만 대 정도가 팔렸죠. 이 시장은 삼성전자와 LG전자 등 대기업이 주도했습니다. 이들 대기업은 세탁기

SK매직 트리플케어 식기세척기 와이드

를 사면서 건조기까지 원하는 일부 소비자를 위해 구색을 갖추는 수준이었죠. 하지만 최근에 양상이 달라졌습니다. 세탁건조기 시장이 2016년 10만 대에 이어 2017년 60만 대, 2018년 100만 대, 2019년엔 150만 대로 기하급수적으로 시장이 커졌습니다. 2020년엔 200만 대 수준인데요. '편리함'을 강조하는 MZ세대 성향을 보여주는 대표적인 사례라고 할 수 있겠습니다.

이렇게 급성장하는 세탁건조기 시장을 두고 대기업에 이어 중견 가전업체들 역시 속속 진입하고 있는데요. 대표적인 경우가 위닉스입니다. 위닉스는 지난 2018년 독일 가전업체 AEG와 협력해 10*kg*(킬로그램) 이하 중소형 세탁건조기를 출시하며 관련 분야에 처음 진입했습니다. 이어 2021년 17*kg* 대형 세탁건조기를 출시하며 삼성전자, LG전자 아성에 도전장을 냈죠. 이러한 자신감에는 위닉스가 국내 제습기 시장 1위라는 점이 작용했습니다. 제습기에 적용하는 기술이 그대로 세탁건조기에 적용되기 때문이죠. 위닉스는 세탁건조기 광고모델로 해외에서도 큰 인기를 누리는 배우 공유를 발탁하고 마케팅 활동을 강화하고 있습니다.

다음으론 식기세척기입니다. 국내 식기세척기 시장은 2018년 10만 대 수준에서 2019년 19만대로 늘어났습니다. 특히 2020년엔 코로나19 사태로 집에서 밥을 해 먹는 일이 많아지면서 식기세척기 판매량이 33만대로 껑충 뛰었습니다. 이 시장은 세탁건조기와 반대로 중견 규모인 SK매직이 1위를 달리고 있는 가운데 LG전자 등이 그 뒤를 무섭게 추격하는 양상을 보이고 있습니다. 업계 1위 SK매직은 2020년 식기 세척 기능뿐 아니라 건조와 보관까지 가능한 '트리플 케어 식기세척기'를 출시하면서 큰 주목을 받았습니다.

이번엔 의류관리기입니다. 의류관리기 역시 코로나19 상황과 맞물리면서 크게 성장한 가전 분야인데요. 국내시장 규모는 2019년 45만 대에서 2020년 60만 대 수준으로 늘어났습니다. 의류관리기 시

위닉스 세탁건조기

장은 LG전자가 개척했습니다. LG전자는 2011년 '스타일러'를 출시하며 기존에 없던 의류관리기 시장을 만들어냈는데요. 이런 이유로 지금도 의류관리기라는 용어보단 스타일러라는 이름이 더 익숙하죠. 이후 2018년 삼성전자와 코웨이가 관련 시장에 진입했습니다. 코웨이는 공기청정기 기술을 더해 '의류 청정기'라는 이름으로 승부수를 띄웠습니다. 삼성전자는 '에어 드레서'라는 브랜드로 관련 제품을 판매 중입니다. 삼성전자와 LG전자는 최근에 의류관리기 기술을 응용한 신발 관리기로 사업 영역을 확장하는 모습을 보입니다.

이 밖에도 MZ세대 하면 떠오르는 가전으로 '멀티쿠커'가 있는데요. 음식 재료를 넣고 버튼만 눌러주면 어떤 음식도 만들어주는 신개념 가전입니다. 여기엔 쿠쿠와 쿠첸, 휴롬 등이 진출했습니다. 이렇듯 MZ세대 성향을 파악해보면 가전 외에도 앞으로 더 크게 성장할 산업과 분야를 유추해볼 수 있겠습니다.

21.
반려동물 인구 1500만 '펫코노미'

반려동물을 위한 산업, 이른바 '펫코노미'에 대해 알아보겠습니다. 펫코노미는 반려동물과 경제의 합성어입니다. 우리나라에서 반려동물을 키우는 인구는 1,500만 명에 달하는 것으로 추정됩니다. 실제로 KB금융지주 경영연구소가 발표한 '2021년 한국 반려동물 보고서'에 따르면 2020년 말 기준 한국에서 반려동물을 키우는 가구는 전체 29.7%인 604만 가구였습니다. 그리고 반려동물을 키우는 인구는 1,448만 명으로 한국인 4명 중 1명꼴로 반려동물과 함께 살고 있습니다. 반려동물을 키우는 이들을 반려동물과 가족의 합성어인 '펫팸족'이라고 부르기도 합니다.

저출산과 함께 고령화, 여기에 1인 가구 증가에 따라 반려동물을 키우는 인구는 앞으로도 계속 늘어날 것으로 전망되는데요. 한국 농촌경제연구원은 반려동물 산업 규모가 2021년 3조 7,694억 원에서 오는 2027년에는 6조 55억 원까지 성장할 것으로 내다봤습니다. 이에 따라 기업들 역시 반려동물 산업을 주목하고 관련 사업에 진출하거나 강화하고 있는데요.

기업들이 반려동물 분야에 진출한 몇 가지 사례를 들어 보도록 하겠습니다. 우선 밥솥으로 유명한 쿠쿠전자는 반려동물 가전 브랜드 '넬로'를 운영 중입니다. 넬로 브랜드 제품으로는 대표적으로 '펫 에어샤워 앤 드라이룸'이 있습니다. 이 제품은 산책한 뒤 집 안에 들어온 반려동물 털에 묻은 미세먼지와 오염물질을 털어내는 '에어샤워' 기능이 있습니

소노펫고양 펫프터눈티

다. 또한 반려동물을 목욕시킨 뒤 젖은 털을 말려주는 '드라이룸' 기능도 있고요. 아울러 쿠쿠전자는 넬로 브랜드로 '펫 스마트 급수기'도 판매 중입니다. 이 제품은 물을 1.5ℓ 용량으로 담아주면 보호자가 장시간 외출하더라도 반려동물에 자동으로 물을 공급해주는 역할을 합니다. 쿠쿠전자는 이 밖에 넬로 브랜드로 반려동물 목줄과 함께 유모차도 판매 중입니다.

선풍기 · 에어서큘레이터 등 냉방가전 강자 신일전자 역시 '퍼비' 브랜드로 반려동물 가전을 판매합니다. 주목할 만한 제품은 배변훈련기입니다. 이른바 '개밥그릇'으로 불리는 이 제품은 반려동물이 패드에 배변을 할 경우 이를 카메라가 감지한 뒤 자동으로 음식을 제공합니다. 반려동물은 음식을 먹기 위해서라도 배변을 해야 하기 때문에 자연스럽게 배변을 유도할 수가 있죠. 신일전자는 배변훈련기 외에도 반려동물 자동급식기와 자동 발 세척기, 적외선 고대기, 온풍기, LED 브러시 등 다양한 가전을 퍼비라는 브랜드로 판매합니다. 목욕과 함께 드라이 기능을 갖춘 반려동물 전용 욕조까지 있습니다.

반려동물을 위한 호텔도 있습니다. 국내에서 가장 많은 리조트를 운영하는 대명소노그룹은 반려동물 관련 사업을 위한 계열사 소노펫앤컴퍼니를 설립했습니다. 그리고 소노펫앤컴퍼니는 대명소노그룹이 운영 중인 휴양시설 '소노캄 고양'과 '비발디파크' 안에 반려동물을 위한 호텔과 함께 복합 문화공간을 마련했죠. 반려동물을 동반할 수 있는 객실은 미끄럼으로 인한 반려동물 관절 부상을 막기 위해 논슬립 플로어로 시공했습니다. 반려동물과 교감할 수 있도록 침대와 툇마루를 낮은 높이로 설계했고요. 여기에 반려동물 냄새를 제거할 수 있도록 별도의 배기 시스템도 갖췄습니다.

생활용품업체 애경산업은 반려동물 전문회사 이리온과 함께 펫케어 브랜드 '휘슬'을 운영 중인데요. 애경은 휘슬 브랜드로 반려동물 전용 샴푸와 미

신일전자 반려동물 자동급수기

스트 등을 판매 중입니다. 이는 반려동물 피부가 사람과 달리 표피층이 얇아 세균성 피부병에 취약하다는 점에 착안한 사업입니다. 풀무원건강생활은 반려동물을 위한 유기농 먹거리 브랜드 '아미오'를 운영 중입니다. 아미오 브랜드로 판매 중인 '자연 담은 식단'은 좁은 닭장이 아닌, 개방된 오픈형 계사에서 키워 스트레스를 받지 않은 닭을 주원료로 한 제품입니다.

의료기기 업체 원텍은 반려동물을 위한 의료기기 브랜드 '애닉슨'을 운영 중입니다. 애닉슨 브랜드에는 레이저를 활용해 통증을 완화하고 흉터를 회복할 수 있는 '델라'와 함께 레이저를 이용해 절개 없이 방광과 요도 내 결석을 제거하는 '홀라' 등이 있습니다. 청호나이스는 반려동물을 키우는 가정에 최적화한 '청호 펫 공기청정기'를 판매중입니다. 이 제품은 '펫 전용 필터'와 '탈취 강화 필터'로 공기 중에 떠다니는 반려동물 털과 냄새를 제거할 수 있습니다. 또 펫 모드와 잠금 설정 등 반려동물이 있는 가정에 꼭 필요한 기능을 더했습니다. 반려동물을 위한 가전, 호텔, 샴푸, 식품, 의료기기. 이 정도면 반려동물이 사람 못지않은, 어떤 면에 있어서는 그 이상의 대우를 받는다고도 볼 수 있겠습니다.

인수합병을 통해 반려동물 사업에 진출하거나 관련 사업을 강화하는 사례도 있습니다. 유통업체 GS리테일은 반려동물용품 쇼핑몰 업계 1위인 '펫프렌즈'를 인수했습니다. GS리테일은 2017년 펫프렌즈에 첫 투자를 했고요. 이후 세 차례에 걸쳐 추가로 투자한 끝에 2021년 사모펀드(IMM 프라이빗에쿼티)와 함께 공동 인수를 확정했습니다.

화장품 ODM 강자인 한국콜마 역시 반려동물 사업에 눈독을 들이고 있는데요. 이를 위해 계열사인 콜마비앤에이치가 동물사료 제조 관련 특허를 등록하기도 했습니다. 콜마비앤에이치는 '약초 추출박 급이로 생육한 곤충 유충을 이용한 애완동물사료 제조 방법'을 농업회사법인 엔토모와 공동 연구해 특허로 출원했습니다. 해당 특허 내용은 곤충을

쿠쿠 넬로 펫 에어샤워&드라이룸

활용해 동물사료를 제조하는 기술입니다.

동물용 의약품에 주력하는 우진비앤지는 반려동물 사료업체인 오에스피 지분 82%를 인수한 뒤 자회사로 편입시켰죠. 우진비앤지가 인수한 오에스피는 유기농 펫푸드 등을 생산하는 업체로 매출액은 200억원 규모입니다. 특히 오에스피는 미국 농무부과 국내 농림축산식품부로부터 유기농 제품 인증을 받았습니다. 반려동물 산업은 앞으로도 계속 성장할 것으로 예상되면서 기업들이 관련 분야에 진출하는 사례는 더욱 늘어날 전망입니다.

22.
집콕에 인테리어 훨훨

아파트에 사시는 분들, 공지 많이 보셨을 겁니다. 1층 게시판에 공사 안내문이 붙지 않는 날이 거의 없을 정도인데요. 한두 집 인테리어 수리를 마치면 또 한두 집이 인테리어 수리에 들어가는 등 인테리어 공사가 끊이지 않습니다. 그만큼 집을 고쳐 쓰려는 수요가 늘고 있고, 이에 따라 인테리어 업체들이 호황을 누리는 상황입니다. 그래서 이번에는 집 수리 수요 증가에 따른 인테리어 업체들의 수혜를 다뤄볼까 합니다.

인테리어 수요가 증가한 이유로 크게 두 가지를 꼽을 수 있습니다. 우선 문재인 정부 들어 늘어난 부동산 규제입니다. 문재인 정부 4년 동안 총 25차례에 걸쳐 부동산 대책을 내놨는데요. 이 과정에서 결국 집값은 잡지 못하고, 규제만 늘어나는 상황이 벌어졌습니다. 재건축은 옥죄고 실거주 요건은 강화하면서 결국 집을 팔기도 사기도 쉽지 않은 것이죠. 이럴 바엔 차라리 낡은 집이라도 고쳐서 살자는 심리가 발생한 것입니다.

또 한 가지 이유는 코로나19 장기화입니다. '코로나19 팬데믹'(대유행) 상황이 지속하면서 일도 집에서 하는 재택근무가 이어집니다. 여기에 외식과 여행을 자제하고 집에 머무는 이른바 '집콕'도 일반화하면서, 집안을 최대한 편리하고 편안한 공간으로 만들려는 수요가 증가한 것이죠. 이런 이유로 인테리어를 찾는 수요 역시 계속 늘어납니다.

이렇듯 인테리어 수요 증가는 인테리어 업체들 실적 증가로 이어지는데요. 우선 국내 인테리어 업

한샘 인테리어

계 1위인 한샘은 2020년 3년 만에 매출액 2조 원대를 회복했습니다. 매출액은 2조 674억 원이었는데요. 이는 2017년에 기록한 2조 625억 원을 뛰어넘는 사상 최대 실적이었습니다. 이러한 흐름은 이듬해에도 이어졌습니다. 한샘은 2021년 1분기 매출액이 전년 동기보다 12.3% 늘어난 5,531억 원이었습니다. 한화투자증권은 한샘이 2021년 전년보다 15.9% 늘어난 2조 3,970억 원 매출액을 올릴 것으로 예상했습니다.

한샘과 함께 국내 인테리어 업계 양강 구도를 형성하는 LX하우시스(옛 LG하우시스) 역시 실적 상승세를 이어가고 있습니다. LX하우시스의 2021년 1분기 매출액은 전년 동기보다 6.9% 늘어난 7,738억 원이었습니다. 특히 적자를 이어가는 자동차소재 부문을 제외하고, 인테리어를 포함한 건자재 부문 매출액은 같은 기간 10.9% 증가하면서 두 자릿수 성장세를 보였습니다.

인테리어 브랜드 '홈씨씨'를 운영하는 KCC글

한샘 본사 전경

라스 역시 2021년 1분기 매출액이 전년 동기보다 71.1% 늘어난 2,822억 원이었습니다. 인테리어뿐 아니라 가구업체들의 실적 상승세 역시 눈에 띄는데요. 국내 침대 업계 1위 에이스침대는 같은 기간 매출액이 21.6% 증가한 809억 원이었습니다.

이렇듯 인테리어 업체들이 집콕 등 특수한 상황이 있어 큰 폭의 성장세를 보이는 것은 사실입니다. 하지만 코로나19 팬데믹 이후에도 지속적인 성장세를 이어갈 것이라는 게 업계 중론입니다. 실제로 한국건설산업연구원에 따르면 인테리어를 포함한 국내 리모델링 시장 규모가 2020년 30조 원에서 10년 뒤인 2030년에는 44조 원으로 성장할 것으로 전망했습니다.

인테리어 산업이 코로나19 팬데믹 이후에도 성장할 것으로 보는 이유 중 하나는 1인 가구 증가입니다. 통계청에 따르면 2020년 말 기준 총 2089만 가구 중 1인 가구는 614만 8000가구로 비중이 30.2%에 달했습니다. 지난 2000년 당시 전체 가구

LX하우시스 인테리어

중 15.5%에 불과했던 1인 가구 비중이 매년 높아지면서 20년 만에 30%마저 넘어선 것이죠. 1인 가구가 증가한다는 것은 앞으로 전체 인구가 줄더라도 가구 수는 유지되거나 오히려 늘어날 수 있음을 의미합니다. 이는 인테리어 수요 역시 증가할 수 있음을 방증하는 대목이죠.

또 한 가지는 'MZ세대'입니다. 앞서 말씀드렸듯이 1980년 이후 출생한 MZ세대는 모바일 등 디지털 환경에 익숙하고 최신 트렌드에 민감하며, 남과 다른 이색적인 경험을 추구합니다. 이로 인해 집안 인테리어 역시 취향대로 하려는 경향이 있고요. 이렇듯 인테리어 산업이 코로나19로 인한 '반짝' 호황이 아니라 중장기적으로 계속 성장할 것으로 내다보고, 가전 등 다른 업종과 협력하거나 서비스를 개선하려는 사례도 이어집니다.

한샘이 삼성전자와 협력한 것이 대표적입니다. 한샘은 자사 인테리어와 함께 삼성전자 가전을 한 번에 시공할 수 있는 '리하우스 패키지' 상품을 출시했는데요. 한샘 인테리어 전문가가 리모델링을 계획 중인 집을 설계할 때, 삼성전자 가전도 패키지로 제안하는 방식입니다. 이를 통해 건자재와 가구, 가전을 맞춤 설계해 조화로운 디자인 공간을 꾸밀 수 있습니다.

앞서 LX하우시스는 LG전자와 협업을 했죠. 독자 여러분이 LG전자 가전을 판매하는 LG베스트샵을 방문하면 인테리어 상담부터 디자인 제안, 시공업체 연결까지 해주는 'LX Z:IN(지인)' 인테리어 매장을 볼 수 있을 겁니다. 여기에 주방과 욕실 등 일부만 공사할 경우에 공사비용 부담과 기간을 크게 단축할 수 있는 '원데이 시공' 상품도 인테리어 업체들이 잇달아 도입하고 있습니다.

23.
한류로 주목받는 K뷰티

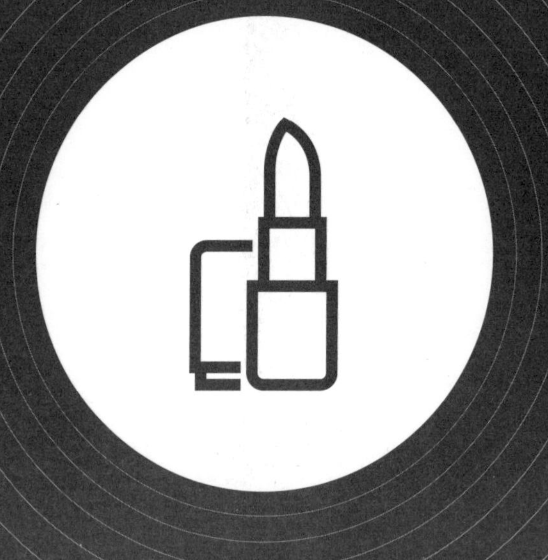

방탄소년단(BTS)과 블랙핑크 등 'K팝' 인기가 전 세계적으로 뜨겁습니다. 방탄소년단은 '버터'(Butter) 등을 잇달아 미국 빌보드 차트 1위에 올려놓았는데요. 아울러 'D.P.', '오징어 게임' 등 드라마 역시 우리나라를 넘어 전 세계 각지에서 큰 인기를 누리고 있습니다. 이렇게 한류 콘텐츠가 글로벌 시장을 휩쓸면서 뒤에서 조용히 미소 짓는 산업군이 있습니다. 화장품 분야가 그렇습니다. 우리나라 화장품 업체들은 해외 각지에서 굳이 공격적으로 마케팅 활동을 하지 않아도 한류 콘텐츠를 통해 자연스레 'K뷰티'가 홍보되는 상황입니다. 이렇게 한류와 함께 '메이드 인 코리아' 화장품은 이제 우리나라를 넘어 전 세계 시장에서도 주목을 받고 있습니다. 이에 따라 화장품 산업 가치사슬(밸류체인)에 대해 알아볼까 합니다.

화장품과 반도체는 전혀 동질감이 없어 보이는 산업입니다. 하지만 가치사슬로만 보면 매우 유사하다는 것을 알 수 있는데요. 앞서 반도체 산업을 알기 위해서는 △IDM(Integrated Device Manufacturer, 종합 반도체 회사) △팹리스(Fabless, 반도체 개발 전문) △파운드리(Foundry, 반도체 위탁생산) △패키징(Packaging, 반도체 조립 · 검사)이라는 4가지 용어를 알아야 한다고 말씀드렸습니다. 화장품 산업에서도 이에 해당하는 분야들이 있습니다. 우선 아모레퍼시픽, LG생활건강은 화장품 산업에 있어 삼성전자, SK하이닉스와 같은 IDM에 해당합니다. 어느 정도 규모와 자금력이 있어 화장품 개발에서부터 생산까지 모두 자체적으로 해결을 할 수 있죠.

화장품 분야에서 팹리스에 해당하는 업체들은 고운세상코스메틱, 클리오, 토니모리 등이 있습니다. 사실상 아모레퍼시픽, LG생활건강 등을 제외한 대다수 화장품 업체들이 반도체 산업에서의 팹리스처럼 화장품 개발에만 집중하고 생산은 철저히 외주에 맡기는 형태로 존재합니다. 화장품 분야에서 대만 TSMC, 국내 DB하이텍과 같이 파운드리를 담당하는 업체는 코스맥스, 한국콜마, 코스메카코리아 등이 대표적입니다.

이들 업체는 화장품 회사들로부터 의뢰를 받아 주문자상표부착생산(OEM) 혹은 제조자개발생산(ODM) 방식으로 생산을 해줍니다. 특히 코스맥스와 한국콜마는 전 세계 화장품 ODM 1위 자리를 두고 치열하게 경쟁합니다. 굳이 화장품 분야에서 반도체 패키징에 해당하는 업체를 꼽는다면 연우, 펌텍코리아 등을 언급할 수 있습니다. 이들 업체는 화장품을 담는 다양한 용기를 만드는 데 주력합니다.

닥터지 레드블레미쉬 라인

반도체에서 메모리 반도체와 시스템반도체(비메모리 반도체) 등 영역을 나누듯 화장품 업체들 역시 기초화장품, 색조화장품, 기능성 화장품(더마 코스메틱) 등 각각 영역이 나뉘고 또한 각 분야에서 강세를 보이는 업체들이 따로 있는데요. 이들 화장품 영역에서 두드러진 성과를 올리는 업체들 사례를 다뤄볼까 합니다.

우선 고운세상코스메틱은 기초화장품과 함께 기능성 화장품 분야에서 두각을 보입니다. 고운세상코스메틱은 피부과 전문의인 안건영 대표가 2000년 설립했습니다. 안건영 대표는 피부과에서 환자들과 상담하는 과정에서 이들에 적합한 화장품을 직접 만들어야겠다고 판단한 뒤 창업까지 했는데요. 고운세상코스메틱은 2003년에 '닥터지'(Dr.G)라는 독자적인 기능성 화장품 브랜드를 출시한 뒤 비비크림과 선크림 등을 판매해왔습니다.

특히 닥터지 선크림은 올리브영에서 선크림 부문 1위 자리를 이어갑니다. 아울러 닥터지 블랙스네

일크림(달팽이 크림)은 비교적 최근인 2019년에 출시했음에도 불구하고 현재까지 누적 판매량 2,000만 개를 돌파하는 저력을 보였습니다. 지난 2018년 매출액 1,007억 원을 올리며 창사 이래 처음 1,000억 원을 돌파한 고운세상코스메틱은 코로나19 악재를 뚫고 2021년에도 실적 상승세가 예상됩니다. 지난 2018년 중국 상하이에 법인을 설립한 뒤 중국을 비롯한 해외 시장 공략에도 박차를 가하고 있습니다.

색조화장품 분야에선 클리오가 강세를 보이는데요. 1997년 설립된 클리오는 회사명과 동일한 색조화장품 브랜드 '클리오'(CLIO)가 우리나라뿐 아니라 중국 등 아시아 지역을 중심으로 널리 알려졌는데요. 클리오는 이후 'Z세대'를 겨냥한 '페리페라' 브랜드를 추가로 출시하면서 색조화장품 라인업을 확대했습니다. 아울러 클리오는 지난 2011년 '구달'을 선보이면서 색조화장품에 이어 기초화장품(스킨케어) 분야로 영역을 넓힐 수 있었고요. 2017년에는 기능성 화장품 브랜드 '더마토리', 헤어 · 바디 브랜

클리오 서울숲 사옥

드 '힐링버드'를 잇달아 출시, 화장품 영역 안에서 공격적으로 사세를 확장하고 있습니다. 현재 중국 상하이 법인과 함께 미국 지사 등 해외 곳곳에 거점을 두고 20여 개국에 화장품을 수출 중입니다. 2020년 매출액은 2,182억 원이었습니다.

파마리서치프로덕트는 기능성 화장품 브랜드 '리쥬란 코스메틱'에 주력합니다. 리쥬란은 피부과와 전문기관에 공급하는 '리쥬란 힐러'의 피부 특화 DNA 물질을 'c-PDRN'이라는 성분으로 담아낸 제품인데요. c-PDRN은 연어에서 추출한 천연 DNA 물질로 피부를 재생하는 주기를 정상화하는 데 도움을 준다는 것이 회사 측 설명입니다. 리쥬란 코스메틱은 2021년 9월 마켓컬리에 입점하기도 했습니다. 2020년 매출액은 1,087억 원이었습니다.

다만 우리나라 화장품 산업은 이미 업체들이 난립해 포화했다는 게 업계 중론입니다. 우리나라 화장품 시장은 연간 13조 원 규모로 형성돼 있습니다. 이는 독일과 영국, 프랑스 등에 이어 전 세계 8

클리오 킬커버 광채쿠션

위에 해당합니다. 업계에서는 국내에서만 1만 6000여 개 화장품 업체들이 활동하는 것으로 추정하는데요. 심지어 한국콜마, 코스맥스 등 화장품 ODM 업체들이 생산뿐 아니라 개발까지 해준 제품에 브랜드만 다르게 해서 판매하는 업체들도 즐비합니다. 이로 인해 갑자기 생겨났다가 소리 소문 없이 사라지는 화장품 브랜드도 수도 없이 많은 상황입니다. 특히 '집콕', 마스크 착용 등으로 인해 화장품 소비가 줄어드는 '코로나19 팬데믹'(대유행)을 계기로 경쟁력이 부족한 화장품 업체들은 상당수 문을 닫을 것이라는 주장도 나오고 있습니다.

최근 한류 열풍이 뜨겁고 이 과정에서 K뷰티 역시 주목을 받으면서 종전 사업에서 한계를 경험한 상장사들을 중심으로 화장품 사업에 새롭게 뛰어드는 경우도 적지 않은데요. 이러한 화장품 산업의 특성을 이해하시고 신중하게 접근할 필요가 있어 보입니다.

24.
비대면 시대 뜨는 아이템

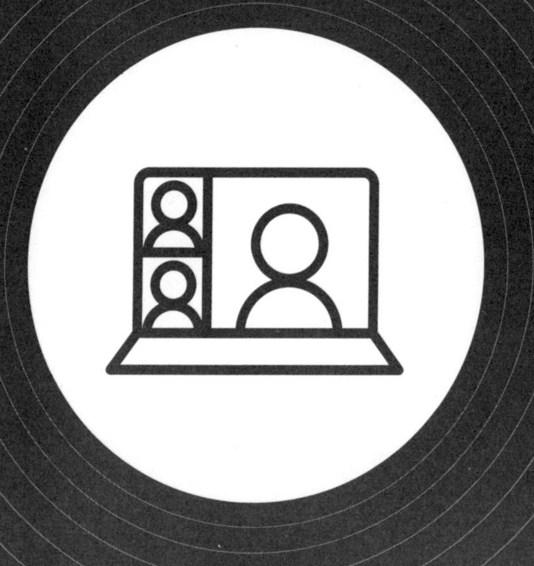

코로나19 장기화로 비대면 상황이 이어집니다. 이런 상황에서 주목을 받는 산업과 침체하는 산업이 명확히 구분되는데요. 대표적인 침체 산업은 항공, 운수, 여행, 레저, 면세 등입니다. 이와 반대로 코로나19 장기화 상황에서 뜨는 아이템도 있습니다.

코로나19 상황에서 주목을 받는 아이템을 알아보기 이전에 비대면 시대 특성을 파악해야 합니다. 우선 집에 머무는 시간이 늘어납니다. 업무 역시 회사로 출근하는 것이 아닌, 재택근무가 일반화하는 분위기입니다. 코로나19 상황 이전에는 재택근무를 하면 생산성이 떨어진다는 생각에 이를 적극적으로 도입하지 않는 경우가 많았는데요. 하지만 코로나19를 계기로 재택근무를 도입해본 기업들은 생산성이 크게 떨어지지 않음을 경험했습니다. 실제로 취업포털 사람인이 기업 355개사를 대상으로 '재택근무 생산성 현황'을 조사한 결과, 재택근무를 실시한 기업 중 절반 이상인 55%가 '생산성에 있어 차이가 없다'고 응답했습니다. 이에 따라 코로나19 상황뿐 아니라 그 이후에도 재택근무가 일반화될 가능성이 큰 상황입니다.

또 다른 특징으로 오프라인 매장을 찾는 것보다 온라인으로 주문하는 것이 익숙해지고 있습니다. 이에 따라 이커머스(전자상거래) 역시 활발해지는 분위기인데요. 통계청에 따르면 2021년 7월 온라인 쇼핑 거래액은 1년 전과 비교해 무려 24.9% 증가한 16조 1,996억 원이었습니다. 이는 같은 해 5월 16조 1,059억 원 기록을 뛰어넘는 월 기준 사상 최고치였

알서포트 리모트미팅

습니다. 특히 온라인 쇼핑 거래액 중 모바일 쇼핑은 11조 7,139억 원으로 비중은 무려 72.3%에 달했습니다. 코로나19 이후 상품 구매가 오프라인에서 온라인, 특히 모바일로 빠르게 이동하고 있음을 보여주는 대목입니다.

이러한 트렌드에 따라 비대면 시대에 적합한 아이템에 주력하는 업체들의 실적도 큰 폭으로 증가하는 추세인데요. 대표적으로 알서포트가 있습니다. 알서포트는 2021년 상반기 매출액이 전년 동기보다 16.4% 늘어난 301억 원을 기록했습니다. 같은 기간 영업이익은 15.9% 증가한 133억 원이었습니다. 매출액과 영업이익 모두 역대 상반기 기준 최대였습니다. 특히 이익률은 무려 44.3%에 달했습니다.

알서포트는 원격 화상회의 솔루션 '리모트미팅'을 비롯해 원격제어 솔루션 '리모트뷰', 전화 원격지원 솔루션 '리모트콜' 등 원격지원을 위한 다양한 소프트웨어 제품군을 갖췄습니다. 특히 기업들 사이에서 재택근무가 일반화하면서 리모트미팅, 리모트

코리아센터 영국 물류센터 전경

뷰 등 판매가 호조를 보입니다. 리모트미팅은 전 세계 화상회의 시장을 장악한 '줌'과 경쟁하는 상황입니다.

이커머스 분야에선 코리아센터가 주목을 받습니다. 코리아센터는 국내외 이커머스 사업이 고르게 성장하면서 2021년 상반기 사상 최대 실적을 일궜습니다. 코리아센터는 2021년 상반기 실적을 집계한 결과 매출액이 전년 동기보다 20.1% 늘어난 1,707억 원이었습니다. 같은 기간 영업이익은 100억 원을 올리면서 매출액과 영업이익 모두 반기 기록을 갈아치웠습니다.

코리아센터는 국내 소상공인을 대상으로 온라인 쇼핑몰을 구축해주는 온라인 쇼핑몰 플랫폼 '메이크샵'과 함께 해외 상품 구매를 대행해주는 해외직구 플랫폼 '몰테일'을 양대 축으로 합니다. 현재까지 55만 명 이상 소상공인이 메이크샵을 통해 온라인쇼핑몰을 구축했고요. 미국과 독일, 중국 등 7개국 총 9곳에 해외 직구를 위한 몰테일 물류센터를 두고 2020년 한 해 동안 약 240만 건을 배송했습니다.

이번엔 조금 다른 시각으로 보겠습니다. 코로나 19와 같이 전염병으로 인한 비대면 상황일 경우 건강과 함께 면역에 대한 관심이 높아질 수밖에 없습니다. 이런 이유로 인산가 실적이 상승세를 보이고 있습니다. 인산가는 2021년 상반기 매출액이 전년 동기보다 21.7% 늘어난 166억 원이었습니다. 같은 기간 영업이익과 당기순이익은 각각 44.1%와 45.4% 늘어난 29억 원과 24억 원이이었습니다. 매출액과 이익 모두 반기 기준 최대 실적이었습니다. 2020년에는 코로나19 영향으로 창사 이래 처음 300억 원 이상 매출액을 올리기도 했습니다.

경남 함양에 본사를 둔 인산가는 '죽염 종가'로 널리 알려졌습니다. 특히 인산가 9회 죽염은 3년간 간수를 뺀 서해안 천일염을 대나무 통에 넣어 소나무 장작불로 굽고 녹이는 작업을 아홉 번 반복해 만듭니다. 최근에는 죽염뿐 아니라 '인산가 순백명란'

인산가 9회 죽염

등 온라인을 통해 주문할 수 있는 가정간편식(HMR) 분야에서도 주목받습니다. 특히 2021년 상반기 가정간편식 매출은 전년 동기와 비교해 무려 122% 늘어났습니다. 모든 가정간편식에는 인산가 죽염이 들어갑니다.

인산가는 그동안 회원들을 중심으로 한 전화 판매 위주였습니다. 하지만 최근에는 홈쇼핑과 함께 라이브 커머스 등 다양한 유통채널로 확대하며 죽염 보급 확대에 힘쓰고 있습니다. 심지어 인산가 죽염은 현재 미국 아마존에서도 판매되고 있습니다.

25.
LG, 휴대폰 철수한 사연은(결산)

이번 내용은 이 책을 통해 그동안 다룬 것을 종합하는 의미로 보시면 됩니다. 2021년 상반기를 뜨겁게 달군 이슈 중 하나는 LG전자의 휴대폰 사업 철수였습니다. 실제로 LG전자는 2021년 7월부로 모든 휴대폰 생산과 함께 유통을 중단했는데요. 한때 세계 3위 자리까지 올랐던 LG전자 휴대폰. 그간 어떤 일이 있었는지를 되짚어보고, 앞으로 LG전자가 휴대폰 대신에 주력하게 될 사업은 어떤 것인지도 알아볼까 합니다.

LG전자는 지난 1995년 '화통'을 출시하며 휴대폰 사업에 뛰어들었습니다. 이후 LG전자는 휴대폰 브랜드 이름을 화통에서 '프리웨이', 그리고 다시 '싸이언'으로 바꿉니다. 당시 싸이언은 삼성전자 '애니콜', 현대전자 '걸리버' 등과 함께 국내 휴대폰 시장을 주도했죠.

LG전자 휴대폰을 전 세계 시장에 알리게 된 계기는 2006년 '초콜릿폰'이었습니다. 당시 초콜릿폰은 국내외 시장에 1000만 대 이상이 팔리면서 '대박'을 터뜨렸습니다. 이듬해에는 명품 브랜드 프라다와 협력해 '프라다폰'을 출시했는데 이 역시 초콜릿폰 못지않은 인기를 누렸습니다. 이후에도 '뷰티폰', '롤리팝폰' 등이 잇달아 흥행하면서 당시 LG전자는 노키아, 삼성전자에 이어 전 세계 휴대폰 시장 3위 자리에 올랐습니다.

하지만 이러한 인기가 오히려 화근이 됐습니다. 미국 애플이 지난 2007년 아이폰을 처음 출시하며 스마트폰 시대를 활짝 열었죠. 깜짝 놀란 삼성전자 역시 이듬해 스마트폰 브랜드 '옴니아'를 출시하며 반격에 나섰습니다. 하지만 LG전자는 곧바로 스마트폰 분야에 뛰어들지 않았습니다. 당시 LG전자 컨설팅을 맡았던 맥킨지가 '스마트폰은 찻잔 속 태풍에 그칠 것'이란 내용을 담은 보고서를 냈기 때문이었습니다. 초콜릿폰, 롤리팝폰 등 인기가 이어졌고, LG전자의 휴대폰 시장 점유율 역시 여전히 높았습니다. 심지어 LG전자는 2009년 '뉴초콜릿폰', 2010년 '롤리팝 2' 등 스마트폰이 아닌 일반폰(피처폰)을 출시하기도 했죠.

이후 스마트폰 시장이 예상보다 빠르게 커가는 것을 본 LG전자는 뒤늦게 2010년 스마트폰 브랜드 '옵티머스'를 선보였습니다. 하지만 애플과 삼성전자 등에 비해 후발주자로 스마트폰 분야에 진출하면서 옵티머스는 결국 실패로 막을 내렸습니다. 심기일전한 LG전자는 'G 시리즈', 'V 시리즈'를 잇달아 선보이며 반전을 노렸습니다만, 때는 늦었습니다. 2015년 2분기부터 시작한 LG전자 휴대폰 사업 영업손실은 2020년 4분기까지 무려 23분기 이어졌습니다. 누적 적자는 5조 원에 달했습니다. 한때 LG전자를 지탱하던 '황금알'은 이제 발목을 잡는 '계륵'이 됐습니다.

여기에 스마트폰 시장 역시 성장기를 지나 성숙기에 접어들었습니다. 시장조사기관 IDC에 따르면 전 세계 스마트폰 시장은 2018년 14억 3,100만대로 정점을 찍은 뒤 2019년 14억 1,300만대, 2020년에는 12억 9,900만대로 하락했습니다. 2021년 13억 8,000만대 반등할 것으로 예상됩니다만, 여전히 2018년과 비교해 줄어든 수치입니다. LG전자 입장에서는 전 세계 스마트폰 시장이 계속 커간다면 역전을 노려볼 수도 있겠습니다만, 이제 정점을 찍고 하락하는 시장에서 반전을 기대하는 건 불가능한 일일 것입니다.

이런 상황에서 LG전자는 한창 떠오르는 자동차 전장(전자장치) 분야를 주목하게 됩니다. 친환경이 글로벌 트렌드로 자리 잡으면서 내연기관 위주였던

LG트윈타워

자동차가 전기자동차, 수소자동차 등으로 빠르게 변화하는 것입니다. 그리고 궁극적으로 자율주행차로 진화하게 될 것입니다. 자율주행차는 내연기관차보다 훨씬 더 많은 전자 부품이 쓰일 것으로 예상됩니다. 일례로 내연기관차에 200개 정도 들어가는 반도체는 전기차에 400~500개, 특히 자율주행차에는 1000~2000개가 필요합니다. 내연기관차와 비교해 자율주행차에 최대 10배까지 반도체가 더 필요한 셈입니다.

카메라 모듈, 센서, 연성회로기판 등 다른 전자 부품도 반도체와 마찬가지로 자율주행차에 많이 쓰일 것으로 예상되는데요. 카메라 모듈은 자율주행차에 10개 이상 탑재될 전망입니다. 운전에 집중해야 하는 내연기관차와 비교해 자율주행차는 운전 대신 영상과 게임, 휴식 등 엔터테인먼트 기능이 한층 강화되기 때문입니다.

이에 따라 LG전자는 수년 전 자동차 전장 관련 부서를 꾸리고 텔레메틱스, 카오디오, 내비게이션 등 자동차 전장을 만들어왔습니다. 심지어 자동차 전장사업을 강화하기 위한 인수·합병(M&A)에도 나섰는데요. LG전자는 2018년 무려 1조 4,000억 원을 들여 오스트리아에 본사를 둔 자동차용 헤드램프 업체 ZKW를 인수했습니다. 2021년 7월에는 세계 3위 자동차 부품업체 마그나 인터내셔널과 함께 전기자동차 파워트레인(동력 전달장치) 합작법인 '엘지 마그나 이파워트레인'을 설립하기도 했습니다.

특히 LG전자는 2021년 9월 이스라엘 사이벨럼 지분 63.9%와 함께 경영권을 확보했는데요. 사이벨럼은 자동차 사이버보안 분야에서 두각을 보이는 업체입니다. 이와 관련, 자동차 산업은 IT(정보기술)와 결합하며 빠르게 변화합니다. 커넥티드 카(정보통신 기술과 연결해 양방향 소통이 가능한 차량)가 대세로 떠오른 상황에서 보안 중요성이 더욱 커지고 있습니다. 네트워크로 연결한 자동차는 컴퓨터처럼 해킹 위험에 노출돼 있기 때문인데요. 사이벨럼 지분 인수는 자동차 전장사업을 강화하려는 LG전자 입장에서는 자동차 사이버 보안까지 신경 써야 하기 때문에 내린 결정으로 보여집니다.

결국 LG전자는 누적 적자가 크고 앞으로 성장할 가능성도 낮은 휴대폰 사업을 철수하는 대신, 한창 떠오르는 자동차 전장 분야를 집중적으로 육성하기로 한 것이죠. 이는 2018년에 공식 취임한 '40대 젊은 총수' 구광모 LG그룹 회장의 의중이 담겨 있기도 합니다. 다만 LG전자 자동차 전장사업 역시 휴대폰 사업과 마찬가지로 적자에 머물러 있는데요. 증권가에선 2022년쯤 LG전자 자동차 전장사업이 흑자로 돌아설 것으로 내다보고 있습니다.

주식투자에 꼭 필요한

산업이야기

1판 1쇄 2021년 10월 25일
1판 3쇄 2021년 11월 8일
지은이 강경래
펴낸이 손정욱
마케팅 이충우
디자인 이창욱
펴낸곳 도서출판 답
출판등록 2010년 12월 8일 제 312-2010-000055호
전화 02.324.8220
팩스 02.6944.9077

이 도서의 국립중앙도서관 출판예정도서목록(CIP)은 서지정보 유통지원시스템 홈페이지(http://seoji.nl.go.kr)과
국가자료 종합목록 시스템 (http://www.nl.go.kr/kolisnet)에서 이용하실 수 있습니다.

ISBN 979-11-87229-38-4 13320
값 18,000원